The Elderly in Social Policy - Towards a New Architecture of Gerontological Programmes
By Zbigniew Woźniak
©LIT VERLAG GmbH & Co.KG Wien, Zweigniederlassung Zürich 2013

This translation is published by arrangement with Adam Mickiewicz University.

All rights reserved.

老年社会政策的
新视野

(Zbigniew Woźniak)
〔波兰〕兹比格纽·渥兹涅克 —— 著

陈 昀 —— 译

THE ELDERLY IN SOCIAL POLICY
- TOWARDS A NEW ARCHITECTURE OF
GERONTOLOGICAL PROGRAMMES

社会科学文献出版社
SOCIAL SCIENCES ACADEMIC PRESS (CHINA)

作者简介

兹比格纽·渥兹涅克，波兰亚当·密茨凯维奇大学（Adam Mickiewicz University）社会学研究所教授，代表作《老年社会政策的新视野》、《社会工作与社会干预：对原则与转型的探讨》等。研究方向：老年社会学、社会政策、社会工作。

译者简介

陈 昫，武汉大学社会学系讲师，代表作《中国老年残疾人"精神养老"问题研究》。研究方向：老年社会工作理论与实务。

序 言

世界人口老龄化的总体趋势不可避免，也不可逆转。不过这也是人类客观存在的组成部分之一，与婴幼儿期、青年期和中年期同样自然和有价值。每个生命阶段都会在多方面取得成就，同时也会面临具有某些功能性的限制，以及某些权利和义务的丧失，甚至是患病概率的提升。因此，人生的每一阶段都伴随着特定的风险和优势。

尽管老龄化主要体现在个体层面，但并非所有人都会在同一时间，以同一种方式老去。不仅如此，老龄化的个体和社会结果因老人的居住环境、地点、时间、性别和社会状态而改变。因此，与其说老龄化是一个单向的过程，不如说它具有多元性，并可通过如下方式进行测量：

——年龄（人口学层面的老龄化）；

——身体与机能的变化（生理层面的老龄化）；

——智力和人格的变化（心理层面的老龄化）；

——社会角色的转变，家庭关系的改变，以及和更大的社会群体之间关系的改变（社会层面的老龄化）。

老龄化可能造成**个人问题**，这些问题主要和个体自身（较差的健康状况与残障）或周遭环境有关，并非所有的困境都会演变成**公共问题**，但公共问题也会影响个体生活。基于此视角，老龄化并非严格意义上的社会问题[1]，不过人口老龄化会导致社会问题的产生，这些问

---

[1] 社会问题是妨碍或阻止社会个体获得社会成就，打断社会或其组成部分——社区或者社会群体——功能的正常发挥，以及/或者打破社会生活均衡态的现象、条件（转下页注）

题需要各种个体和集体层面的介入，来解决、消除或起码使问题得以缓解。

有些观点认为，在19世纪，儿童是生物学、心理学、社会学和教育学深入研究的焦点。那么在20世纪，我们必须——在理论和实践方面——直面老年人的需求。在21世纪初的几十年中，设法为老年人和残疾人提供照护和受尊敬的社会地位，其重要性不言而喻。

此外，更长的预期寿命将会提升中间年龄的重要性，这非常重要，它能够修正过去的成就、制订未来的计划、考察生活选择，并使人为了在老年期具有活跃性而做好准备（预判与前瞻）。②

人们对不同生命阶段对老龄化的影响知之甚多。因此，如何使这一过程既令人满意又令人长寿，并提升老年人的生活质量，值得深思。随着这一问题的重要性不断提升，世界各国的学者们也开始关注不公平的老年社会政策所带来的各种问题。在建议采用弹性的手段使劳动力市场从主动型向被动型转型、对终身性学习持开放态度、鼓励老年人参加志愿服务、向照护老人的家庭提供多种支持的同时，社会政策（特别是在转型经济中的社会政策）事实上更倾向于为有依赖性的老人提供经济支持与关怀。③

现如今，政府当局希望能够设计出一种全新的社会老龄化项目框架，这种框架将包含如下的多方面内容。首先，创造出综合性的老年健康服务，预防老年人被歧视、边缘化和社会隔离（特别是针对女性老

（接上页注①）或者状况。社会问题表明某些社会状况亟待改变，或者，至少某些社会价值与目标应当得到更好的传承。社会问题的主要源头是社会的组织问题（社区生活），也即社会系统和组织发挥功能的方式。

② 1999年，世界银行发起了一项名为 *Averting the old age crisis: policies to protect the old and promote growth* 的行动。关于社会政策的重要意见和建议，可参考如下著作：*Older People and Transition Economies: An Overview of Their Plight in the ECA Region*, Environmentally and Sustainable Development, World Bank, Washington D. C. 1999; R. Holzmann, J. Stiglitz (eds.), *New Ideas about Social Security*, World Bank, Washington, D. C. 2001。

③ *Averting the Old Age Crisis*, The World Bank Publication; 1994, 也可参考 *Lifelong Preparation for Old Age in Asia and the Pacific*, ESCAP, 1996。

年人)。其次,整合各类为老年人和残疾人服务的项目。④

在综合考虑老年人的个体健康、能力和需求的基础上,这些项目有望尽可能久地确保老年人过上积极、独立和自给自足的生活。

在本书中,在老年学、社会学、社会工作、政治研究,以及作者本人的涉老研究与讨论的基础上,将探讨针对老年群体的社会政策问题。

本书倡导的老年社会政策的设计理论——设计理论是任何发展策略所不可或缺的内容——建立在一种"哲学"的基础之上,它和一再提到的"模型"策略有着本质的不同。本项目的理念是尽可能最大化地利用区域性的和本地社会政策的相关资源⑤,不论当前规章制度中,关于支持与拓展涉老项目、服务和基金等方面有怎样的具体定义。

作者在本书中所提出的老龄政策设计理论,尝试回答如下问题。

1. 社区或社会应当采取哪些措施,减少老年人生命健康和社会保障受威胁的风险?

2. 我们应当采取哪些系统性的措施,来降低老年人遭遇失去保障、自信、稳定性和持续性关怀的风险?同时,如何使老年人在独立性和自

---

④ 《马德里行动计划和政策宣言》中特别强调发展两项全球性项目,分别是积极与健康老龄化(Active and Healthy Ageing),以及不分年龄人人共享的社会(A Society for All Ages)。安娜·季亚曼托普鲁理事于2002年8月4日,在联合国欧洲经济委员会(UNECE)上做报告,阐明了欧洲和联合国的合作关系。

⑤ 作者所提出的理论成为城市政策(2003)和区域性政策策略(2010)的基础。参考 Z. Woźniak, "Present Situation and Future Prospects of Social Policy Aimed at Senior Citizens Against the Background of the Globalization of Ageing", in M. Ziółkowski (ed.), *Ludzie przełomu tysiąclecia a cywilizacja przyszłości*, [The People of the Turn of the Millennium vs. the Civilisation of the Future], Wydawnictwo Fundacji Humaniora, Poznan 2001, pp. 169 – 197; idem, "Priorytety w programach gerontologicznych I struktur europejskich jako przesłanka budowy polityki społecznej wobec starości I osób starszych" [Priorities in Gerontological and European Programmes as a Condition for the Construction of Social Policy Aimed at Aging and the Elderly], in M. Szląjzak (ed.), *Starzenie się populacji wyzwaniem dla polityki społecznej* [Ageing Population: a Challenge for Social Policy], Regionalny Ośrodek Polityki Społecznej Cracow 2003, pp. 14 – 33; idem, "Globalne cele polityki społecznej wobec seniorów priorytetem programów gerontologicznych" [Global Aims of Social Policy aimed at the Elderly as a Priority for Gerontological Programmes], in *Jesień, moja ulubiona pora roku-sprawdzone pomysły na twórczą I aktywną starość* [Autumn, my Favorite Time of Year-Proven Ideas for Creative and Active Ageing], Akademia Filantropii, Warsaw 2003, pp. 21 – 24。

我获得感方面享有充分的自主权和自由？

3. 采取系统性的措施，使老年人的社会保障所面临的危机得以消除或最小化，谁应当为保证这些措施的可持续性和效果负责？哪些级别的政府部门应当对此负责？

作者意在辨明老龄化与老年期中的哪些方面将会对老年人、家庭和政府带来强有力的挑战，由此需要通力协作以构建一套多层次（中央－区域－本地社区）的长期老龄化项目。

从这个角度来说，有效的社会政策应当给予政府，包括其支持者和反对者在内，以同等的机会来选择不同的行动模式和行动方向。我们不仅应当对不同意见持开放包容的心态，还应当扩大参与者的范围，有组织地激励人们加入项目设计与实施的过程中。社会政策不应给出现成的解决方案，而是应建成一个概念性的、策略性的框架。

有人说理论是实践的眼睛，本书将理论见解和实践建议相结合，分析和老年社会政策有关的一系列准则、尺度、流程、工具等内容。

尽管本文倡导的关于老年人的社会政策的理念，在一定程度上是基于目前的对老年人社会地位的质量和影响要素的认知，它同时也能够提供一系列新的模型与方法，其创新性看起来足以经得起社会政策制定者们——也包括理论家和实践家在内——的评估。

因此，读者将会从本书中获取信息和项目建议，这些信息和建议既宏观又具体，足以为今后建立提升老年人生活质量的综合性支持体系的决策提供帮助。

作者希望多层次的与普适性的老龄政策能够成为一项公众议题，引起社会舆论的关注，并推动老龄项目和策略的建设。本书中的观念或许能推进制定关于老年人法律和社会地位的综合性政策，并有助于涉及老年人的社会政策与策略的进一步完善。

| 目　录 |

第一章　老年社会政策前瞻 …………………………………………… 1
　一　全球性的人口老龄化 ………………………………………… 1
　二　生物学和医学视角中的人口老龄化 ………………………… 7
　三　影响老年人社会状况的心理学要素 ………………………… 20
　四　推动老年人边缘化和社会隔离的因素 ……………………… 35

第二章　人口老龄化的社会结果
　　　　——可能的设想 ………………………………………… 51
　引　言 ……………………………………………………………… 51
　一　适度乐观的设想：存在代际利益竞争的社会 ……………… 55
　二　近乎技术乌托邦的设想：虚拟世界中的世代：数码
　　　公民——网络中的老年人 …………………………………… 57
　三　社会工程学的控制性设想：老龄化及相关问题的
　　　工具性与官僚式的管理 ……………………………………… 62
　四　乐观的——令人心动的设想：不分年龄人人共享的
　　　社会——老年人是系统振兴的资源 ………………………… 64

第三章　老年社会政策内涵的多层次性
　　　　——整体论的视角 ……………………………………… 73
　一　老年项目的概念框架 ………………………………………… 73
　二　社会政策——为实现成功老龄化而创造和保障条件 ……… 85

三　老龄政策的策略与危机应对项目 …………………………… 103
　　四　老年社会政策的内涵和任务 …………………………………… 122

总　　结 ……………………………………………………………………… 133

参考文献 ……………………………………………………………………… 141

参考网页 ……………………………………………………………………… 162

人名索引 ……………………………………………………………………… 165

偶然、修行与反思
　　——译后小记 ……………………………………………………… 167

第一章
老年社会政策前瞻

一 全球性的人口老龄化

从修昔底德开始,历史学家一直在关注文明的兴衰和人口增减之间的关系。

——肯·戴可沃(Ken Dychtwald)

我们正在经历一场前所未有的革命,在其他全球性问题的阴影下**蹒跚前行**。这步伐虽然缓慢,但却从未停止,发达国家人口老龄化比例居高不下[①],发展中国家老年人口数量快速增长[②],导致这一问题的产生(见焦点框1)。

人口老龄化的原因是多方面的,以下是常见的解释。

1. 生育率持续走低。这是因为生育意愿的降低,以及推迟头胎出生时间的女性,其预期寿命在不断延长。

2. 死亡率的下降——特别是年轻群体的死亡率的下降(包括男性的存活率超过预期)。

---

① 根据联合国制定的标准,老龄化社会指的是 65 岁及以上人口占到总人口的 7%,此外,从人口学的角度来说,当 65 岁以上人口占总人口的 12% 及以上时,可称之为老年型人口结构。
② 法国的老年人口数量翻倍花了 117 年——而中国只用了 37 年。

3. 人口年龄结构的转变——尤其是老年人口的数量和在人口中所占比例的提升，同时青年人口的比例下降（抚养比的变化）。

4. 生命周期的延长，推动老年人口数量的增长，以及高龄老年人口数量的增加（高龄老年人口[③]的增速高于老年人增速的平均值）。

5. 世界部分地区的人口迁移导致青年人口的比例显著下降。

6. 生育率长期处于更替水平之下（新生人口数量少于死亡人口数量）。[④]

焦点框 1

灰色的欧洲——正在变成灰色的世界

1. 1950 年时，60 岁及以上的人口仅占到全世界人口的 8%（2.05 亿人）——而到 2006 年，这一比例已经提升至 11%（6.88 亿人）。
2. 自 1995 年以来，60 岁及以上的人口平均每月增加 100 万人；据估计到 2020 年，60 岁及以上的人口将达到 10 亿人（占总人口 22%）；到 2050 年，地球上三分之一的人口都将是老年人。
3. 从 2000 年到 2050 年这 50 年间，世界人口将增长 50%（达到 90 亿人），其中老年人口将增长两倍（在部分发达国家甚至是三倍）。
4. 当前世界人口的年均增长率为 1.7% 到 1.9%，而 65 岁以上的老年人口年均增长率为 2.5%——这一群体在未来 30 年都会有持续的增长，依据国家的不同，其增长率可能在 30% ~ 140% 不等。
5. 到 2030 年，50 岁以上的人口将占到欧盟全体人口的一半。每三个欧洲人中就有一个 60 岁及以上的老年人，发达国家三分之一的人口将是 65 岁以上的老年人。
6. 联合国人口专家预测在本世纪的下半叶，60 岁及以上的人口的增长率将会有如下变化：
   a. 在发达国家增长率为 20% ~ 30%；
   b. 在发展中国家增长率为 8% ~ 20%；
   c. 在欠发达国家增长率为 5% ~ 10%。
7. 自 1950 年以来，高龄老人数量有了大幅提升。
   a. 自 1990 年以来，90 岁以上的人口增长了两倍，相比之下全体老年人的数量只翻了一番；
   b. 近 20 年来，80 岁以上的人口所占比例从 3.9% 提升到 5.2%，在接下来的 75 年中，最老的老人数量有望增长 6 倍，而在发展中国家增长 2.5 倍左右；
   c. 从 1950 年到 2025 年，高龄老人数量将会增长约 9 倍，而老年人会增长 7 倍；
   d. 到 2025 年，80 岁以上的老人将占全体老人的 11%，而这些老人中的六成生活在发展中国家；
   e. 从 1960 年开始，百岁老人数量每十年翻一番，到 2050 年时，百岁老人数量将会增长约 13 倍（从 2005 年的 26.5 万人增加到 2050 年的 370 万人）。
8. 在 2025 年，超过七成的 60 岁及以上人口将生活在发展中国家——事实上，在 75 岁及以上年龄段的人口中，有四分之一生活在印度和中国。

---

③ 高龄老人的年龄门槛为 80 ~ 85 岁。

④ P. Harper, *Generations and Life Course: The impact of Demographic Challenges on Education 2010 - 2050*, Institute of Aging, Oxford 2008, p. 2.

续表

9. 在2030年,亚洲四分之一的人口将是老年人。
10. 女性人口的老龄化趋势相当明显,而且在未来会进一步加剧——女性老年人已经成为高龄老人的主力军(80岁及以上的老人)。

资料来源: *Active Ageing and Solidarity Between Generations. A Statistical Portrait of the European Union* 2012, Eurostat, Publications Office of the European Union, Luxembourg 2011; D. Beers, M, Mršnik, *Global Aging* 2010: *A Worldwide Challenge*, Standard & Poor's Financial Services, McGraw-Hill, New York 2010; K. Giannakourris, "Aging Characterises the Demographic Perspectives of European Societies,: Eurostat. Statistics in Focus, 2008, no. 72; P. Harper, *Generations and Life Courses*: *The Impact of Demographic Challenges on Education* 2010–2050, Institute of Aging, Oxford 2008, pp. 1–3; A, Kalache, S. Barreto, I. Keller, "Global Aging. The Demographic Revolution in All Cultures and Societies," in M. L. Johnson (ed.1), *The Cambridge Handbook of Age and Aging*, Cambridge University Press, Cambridge-New York-Melbourne-Madrid-Cape Town-Sigapore-Sao Paulo 20–05, pp. 30–46。

据估计,直到17世纪时,65岁以上的老年人仅占全部人口的1%左右。而到了20世纪初,只有四分之一的老年人有望活到65岁。[5] 现如今,在高度发达的工业社会之中,老年人的寿命比以前长得多:预期寿命已经大幅提升至80岁左右,在最发达的地区,女性的平均预期寿命约为83岁,男性约为79岁;而在发展中地区,女性的平均预期寿命约为77岁,男性约为75岁。

到2020年时,最发达国家的人口预期寿命有望提高到83~88岁。发达国家近七成的人口有望活到65岁,而三到四成的人口则可以活到80岁左右。[6]

目前,全世界每9人中就有1名老年人,全球人口平均年龄为37岁。到2050年时,平均年龄将上升到46岁(意大利为57岁,日本为54岁,德国西部地区为53岁)。欧洲将成为拥有最多高龄人口的地区(2008年时,欧洲人口的年龄中位数为40.4岁,而到2060年则可能提升至47.9岁)。欧洲老龄化最严重的国家是希腊、瑞典、比利时和意大利,而人口年龄结构最年轻的国家为爱尔兰、荷兰和芬兰。到2020年,

---

[5] K. Dychtwald, *Speculations on the Future of Aging*, INSIDE Magazine, 21st Century Publishners, Hawaii 1997.

[6] I, Hamilton, *The Psychology of Aging*: *an Introduction*, Jessica Kingsley Publishers, London 2006.

退休年龄人口增幅最大的国家主要是德国、瑞典、日本、法国、英国和美国（按顺序排列）。⑦

全球性的人口结构发生改变，意味着不同年龄层的人口结构图由金字塔形（1900年时）逐渐向矩形转变。换言之，成长型的人口结构（细高的三角形）正转为稳健型的人口结构（警钟型），并逐渐向消退型的人口结构（骨灰坛的形状）转变。⑧

学者们认为在经历了两次人口结构转变⑨之后，第三阶段的人口转变正在到来。这种转变主要是由国际人口迁移所造成的，并改变了世界诸多地区的人口结构。今天，生育率的鸿沟正在逐渐被替代性迁移（replacement migration）所填平，不过，未来人口的生育率水平依然前途未卜，特别是在低于更替水平的部分国家。这一过程是否会进一步恶化，有没有办法重新提高生育率呢？我们无法确认欧洲和亚洲发达地区生育率的下降速度（家庭规模的缩水、生育头胎年龄的延迟、某些生物方面的原因，可能导致生育率低于更替水平），不过它也有可能给很多地方的社会与经济带来戏剧性的转变。⑩ 因此，要判断弥补劳动力不

---

⑦ K. Giannakourris, "Aging Characterises the Demographic Perspectives of European Societies," *Eurostat. Statistics in Focus*, 2008, no. 72.

⑧ Adam Mickiewicz大学的人口学教授斯塔尼斯洛·瓦萨克（Stanisław Waszak）提出了警钟型和骨灰坛型的概念，用以阐明人口结构。

⑨ 人口结构转变的第一阶段主要体现为因医疗技术的提升而导致的死亡率下降。在这一阶段，家庭兴盛，父母把注意力放在如何为孩子创造更多福祉等方面（过着"小皇帝"般的生活），家长根据文化模式扮演其社会角色。第二阶段主要表现为低出生替代率，对非正式关系的青睐，死亡率下降，生命周期延长，迁移加剧，旨在对教育和收入的利用最大化，增强生活质量和生活满意度。这些现象的产生，主要是因为社会平均主义、个人主义、社会解放思潮的兴起所导致的政治和世界观的变化。它们也和服务环节、现代技术和医药的发展，所导致的对更好质量的生活的追求有关。对子代和家庭的照料在第一阶段占据主导地位，而第二阶段则把重点放在个体自我实现的权利方面，其一是利他主义，其二则是个人主义〔德克扬范德·卡奥（Dirk Jan van de Kaa）提出这一概念〕。J. Jóźwiak, "Teorie przejścia van de Kaa" [Van de Kaa's Theory of Transitions], *Gazeta SGH*, 2003, no. 174.

⑩ 2000年联合国的官方文件中就已对此进行了批判：《替代性迁移：是解决人口减少和老龄化的办法吗?》（*Replacement Migration: Is It the Solution to Declining and Aging Populations*）。约瑟夫·夏米（Joseph Chamie）对这种批判进行了总结：人们活得更久但人口却在不断缩水，这在历史上是绝无仅有的。以及，B. Wattenberg, "European Union? European ostrich!" *Jewish World Review*, 2000, no. 6, p. 1.

足所需的迁移人口很难——据专家估计欧洲需要2300万名⑪移民以填补人口短缺，但也有评论认为到2050年，欧洲至少需要1亿名移民才能避免人口的持续性减少，1.61亿人方能维持必要的劳动力供给，14亿人方能使抚养比维持在合理的水平之上。⑫

值得一提的是，1880年俾斯麦提出把65岁作为退休年龄，而当时的平均预期寿命低于45岁。现如今，在高度发达的工业化国家中，老年人的寿命越来越长，生活质量越来越高，这主要得益于经济的增长、健康条件的优化、医疗水平和技术的进步。在过去50年中，人们的预期寿命平均提升了20年，无怪乎联合国的专家们预测在不久的将来，人类生命阶段应当这样进行划分：

1. 18～24岁，青少年期；

2. 25～39岁，青壮年期（比以前更长）；

3. 40～59岁，中年期；

4. 60～79岁，"后"中年期（延迟的，推迟的）；

5. 80～99岁，老年期（明显地向老年期转变）；

6. 100岁甚至更高，"后"老年期（推迟的）。

尽管当今"不确定性"成为一种主流，而人口的变化却是可以确定的。全球人口的老龄化（特别是欧洲）的趋势不可逆转，同时也是史无前例的。现如今，人口学可以对人口结构的变化进行长期性的预测，这主要是因为在通常情况下——没有大洪水、战争、革命、疾病等事件的影响，人口的相关指标和系数变化相当缓慢。会在50年后变老的人现已出生——在了解当前人口趋势的基础上，我们可以对未来几十年老年人口内部结构的大致变化趋势做出预判。由此，社会保障系统会提前做好预案，为老年人提供适切的保障与支持服务。

---

⑪ 根据莱谢克·巴尔采罗维奇（Leszek Balcerowicz）教授和他的团队估算，在未来的十几年中，波兰每年需要16万移民来填补劳动力缺口。

⑫ 这一目标是不可能达到的，不仅因为人口迁移地区的人口老龄化速度快（特别是欧洲地区），而劳动力市场所出现的问题也导致对移民的厌恶情绪愈发严重。参考B. Wattenberg "European Union？…" op. cit., p.2。

尽管借助长期视角对人口进行预估并不困难，但它必须在多个短期预判的基础上才能进一步完善。人口变化不是一个单独的过程，而是和多方面要素，包括生产、消费、储蓄、投资模型，以及生活模式（经济、技术发展、市场、文化改变等）有关。这些要素在构建经济与社会生活的部分领域时将具有显著的影响力。尽管如此，提前几年或几十年时间对以上要素做出预估是相当困难的。

全球人口结构变化的幅度、深度和范围深刻揭示了全球人口老龄化的本质。[13]

全球人口老龄化迟早会引发政治、经济与社会运动，正如大多数人口老龄化都会导致经济结构的转型与政策（特别是社会政策）的转变。不久以后，这些结果将会引发文化的转变，从崇拜青年人，到经验重要性的回归，亦即象征着高龄群体的回归。在未来的几十年中，与全球老龄化有关的各种过程和现象可能在经济和政治层面导致老人政治再度觉醒，而且必然会引起家庭结构的深度转型。一些比较极端的老年学家，在预测未来政治走向时认为，全球秩序将迎来重组。[14]

不管对人口老龄化是怎样的态度，忽视这一问题肯定是不行的，不断增长的老年群体，使周遭的人们日益意识到自己正生活在一个变化的、多世代的社会之中。此外，关于老年人既是这种变化的代表性群体，也是这种变化的受益者的说法被广为接受。由此，我们有必要研究不断增长的老年群体，从人口老龄化所导致的社会、经济和政治结果这一层面，来综合分析老年人在家庭和社区之中的角色。

寿命的延长和生育率的下降并存已成为普遍现象。所以我们可以放心大胆地说，20世纪中出现的青年群体在人口结构中的主导地位将一

---

[13] 吉登斯把全球化定义为"全球的社会关系变得愈加紧密，以至于本地的事件都可能会受到千里之外的事件的影响"，参考 M. Kearney, "The Local and Global: Anthropology of Globalisation and Transnationalism", *Annual Review of Anthropology*, 1995, no. 24, pp. 547。在本书中，全球化被定义为应对因全球人口结构改变，而导致的政治、经济与社会变迁的策略和基础。

[14] 这一系列理论在 Dychtwald、Stuckelberger、Watson Wyatt Data 的著作中得以进一步发展。

去不复返,⑮ 而 21 世纪则会开启一个新纪元:"熟年"群体(the matured)的时代。毫无疑问,人口老龄化的加剧将会对社会生活各方面带来深远的影响——甚至在很多时候跨越国家、政权和文化的界限。

因此,在本书的序言中所提到的事态将必然发生,而在此之后,一切都会有所不同。⑯

二 生物学和医学视角中的人口老龄化

在选择你的父母时可得小心了。

安东尼·史密斯

(Anthony Smith,畅销书《身体》的作者)

在过去的几十年中,科学家们取得了一系列重大研究发现,帮助我们更好地从生物学的角度来了解老龄化。⑰ 我们深入了解多方面内容,包括影响寿命的基因、潜藏在老龄化过程之后的细胞与分子机制,以及能够影响个体晚年生命轨迹的环境与生活要素。⑱

人的身体是由无数的细胞所组成的,它们是构成组织和器官的基石。细胞的新陈代谢贯穿生命的全过程,随着我们变老,这一过程逐渐减缓。体内细胞和组织会受到外界影响(例如放射线、寄生虫、紫外

---

⑮ 早在 2000 年时,老年人口的数量就已经超过了 5 岁及以下儿童的数量;而到 2030 年,0~14 岁人群的数量有可能从 17.6% 下降到 14.5%(作者基于 K. Giannakourris 的文章"Aging Characterises the Demographic Perspectives…," op. cit. , table 2 and 3 进行估算而得出)。

⑯ *Global Aging. The Challenge of the New Millenium*, Watson Wyatt Data Services, New York 2000.

⑰ 长期以来,学者们一直在试图辨明老龄化的机制,并找寻推进这一过程的关键要素,以试图延缓衰老的发生。同时,关于老龄化的起源和运作机制有好几百种相关生物学理论。其中很多理论都是重复的,而对老龄化过程的认识,以及相关影响要素的认识也都有重复的问题。

⑱ T. Kirkwood, "The Biological Science of Human Ageing", in M. L. Johnson (ed.), *The Cambridge Handbook of Age and Ageing*, Cambridge University Press, Cambridge-New York-Melbourne-Madrid-Cape Town-Singapore-Sao Paulo 2005, p. 72.

线等）而损伤，由此，细胞的数量会逐渐减少。一般来说，细胞是可以分批更新的——但如果这一过程没有在特定时间内完成，细胞就会逐渐衰退并彻底死亡。[19]

细胞的生命周期因细胞的类型和物种而有所不同。物种的生命周期和"海弗里克极限"有关：细胞只能分裂有限的次数，当达到既定阶段时，细胞便会进入预设好的死亡阶段（凋亡，apoptosis）。[20] 凋亡也是一种有益的过程，它能够消灭不需要的、受感染的或者有缺陷的细胞。如果凋亡受到抑制，可能导致细胞不受控制地增长，并形成肿瘤。

媒体经常会报道一些轰动而振奋人心的新闻，说又发现了长寿基因云云。这类报道可能使人坚信人类寿命受到个别基因（以及染色体端粒）的控制。这也使人们倾向于希望能够活得更久一些，如果长生不老实现不了的话。[21] 生物学家们越来越肯定没有什么长寿基因或者衰老基因，当然，也有特定的基因在衰老和寿命中起着重要作用，它们能够增强体细胞的自我维护功能，修复并支持免疫系统。[22]

毫无疑问，老化是一种多基因的遗传过程，究竟哪些基因控制生长，哪些控制衰老，我们还不得而知。基因在我们分析老龄化进程时会彰显其影响力，因此，不应把基因影响视作基因污染，而应当从人类多样性的角度来看待。

---

[19] 最有组织且异质性程度最高的细胞（神经元细胞和内分泌细胞）随老化而衰败的程度最高。在进入老年期两年之后，神经元细胞会最先停止正常工作。E. Tulle, "The Ageing Body and The Ontology of Ageing: Athletic Competence in Later Life," *Body & Society*, 2008, vol. 14, no. 3.

[20] 这个词来源于希腊语中的"落叶"或者"落花"。有时候，即便在婴儿期也会出现细胞凋亡的现象——比如，在人类胚胎发育过程中，手指和脚趾会逐渐分开，这是指间细胞凋亡所导致的结果。

[21] 有种乐观的说法认为，在不久的将来，我们能够借助对基因的分析来探查人的生理状况。如果我们能找到身体中那些虚弱的基因并能够将其修复，我们的老年期都会"身体倍儿棒"。

[22] Necki Institute of Experimental Biology 的生物学家艾娃·希克劳（Ewa Sikora）认为："我们的身体是可抛弃的，身体是被'给予'我们的，因此身体能够通过代际的调适，来适应进化的需求，并提升个体的异质性。"M. Fikus, "Moja, twoja, nasza, starość" [Ageing: Mine, Yours, Ours], *Wiedza i Życie*, 1998, no. 11, p. 11.

身体衰老的原因是因为细胞会衰老，细胞的衰老主要是由于细胞分裂的次数是有限的。最终，我们所有的细胞都会老去并死亡。[23] 每个人能活多久取决于我们出生的那一刻，多种细胞在多个生命过程中所发挥的综合作用（在胎儿期，"老化"速度是最快的），[24] 这一过程的产物对环境要素非常敏感，并使基因和环境效果的相互依存变得更加复杂。[25]

毋庸置疑，从科学的角度来看，老龄化是一个不可避免、不可逆转的，包含了所有器官变化的过程。这一过程是连续的，各种变化会越来越明显：人每天变老的迹象可以说微乎其微，但这种退行性的过程是循序渐进且不中断的。人类器官的累积性、发展性的变化是由特定器官的功能逐渐衰退所造成的，或者说萎缩（当我们变老时，我们身体完整性每年下降1%）。

尽管无法判明基因究竟能够在多大程度上影响我们的生命，我们依然可以对环境要素产生影响。尽管我们不会停止老化，但我们可以延缓这一过程，至少使它更为和谐一些。

老龄化并不是单一的，而是多个过程的集合，我们现在也知道这一过程是可控且可调整的。[26] 研究表明老年人的大脑情况比理论计算值要好。由于大脑具有弹性特征，无数新的神经元连接逐渐建立起来。从生

---

[23] 考察实验室中的细胞所可能出现的分类情况，结果发现因物种而异。人类细胞可以分裂60次，老鼠细胞可以分裂20次；在此之后，这些细胞都会死亡。这种分裂机制究竟如何影响寿命，目前并不清楚。原因之一是多细胞生物中的细胞生存方式各不相同。有些细胞的分裂会伴随我们终生，有些是我们与生俱来的（比如神经元细胞），并随时间推移而逐渐消失。M. Fikus, "Moja, twoja, nasza, starość"［Ageing: Mine, Yours, Ours］, op. cit.

[24] 生物学家和老年病学家都认为人的成熟和效率巅峰期在30岁左右。过后，大部分生理机能都会开始出现减退。R. Chernoff, D. Lipschitz, *Health Promotion and Disease Prevention in The Elderly*, Raven Press, New York 1988, p. 6.

[25] 基因并非影响人类寿命的全部原因——有充分证据表明基因对寿命的影响力仅占到25%左右。T. Kirkwood, "The Biological Science of Human Ageing" op. cit., pp. 72-81; G. McClearn, S. Petrill, "The Genetics of Behavioural Ageing," in M. L. Johnson (ed.), *The Cambridge book…*, op. cit.; B. Jeune, K. Christensen, "Biodemography and Epidemiology of Longevity," in M. L. Johnson (ed.), *The Cambridge Handbook…*, op. cit, pp. 85-94

[26] 这一论断已在1980年代所开展的一系列实验中得到了证实：J. Fries, L. Crapo, *Vitality and Aging. Implications of the Rectangular Curve*, W. H. Freeman and Co., San Francisco 1981

理学角度来看，老龄化所导致的器官、组织和系统的衰老是渐进性的，这也展示了身体资源的储备和开销以及它的功能系统。

基于以上所有内容，我们由此可以推断生物学意义上的老化（衰老）是：

1. 一种自然的，由基因所导致的改变，并引起细胞、组织和器官的退化（后果：组织结构和功能的解体）；

2. 身体发展与成熟的另一阶段——这一阶段包含了免疫系统、神经系统和荷尔蒙系统的变化；

3. 由于身体内缺少代谢酶，致使多种维护性功能失效并产生累积效应，并最终导致功能退化；

4. 疾病/伤残的累积效应。

值得一提的是老龄化同样是一项个体过程，因此：

1. 并非所有人都会经历以上所提到的各种变化及结果；

2. 并非所有人都会在同一个体生命阶段以同样的方式衰老；

3. 对65~90岁的人群而言，其老龄化的进程、深度和变化程度比30~40岁的人群要明显得多；

4. 青年人和老年人之间最大的差别主要体现在机能系统的互动方面；

5. 并非所有的功能性转变都是由老龄化造成的——其中有些是病理学的原因，也有些是因为过度使用/使用不足（生活方式）所导致；

6. 大多数老年人都有预算储备金的支持，以满足日常生活所需。

由此，生理的老化虽然不可避免，但也是正常的和健康的；不过因为事实上老龄化还常常包括了病理学的内容，而人们对其日常的医学实践仍知之甚少，所以它还只是个模型。[27] 老龄化和中年期的影响延续甚至是青年时期都有关联。在综合考虑个体生活模式、自然和社会环境的

---

[27] 当然也存在一些例外情况，比如医生如此评价一位将死之人："她死时器官并未受到药物污染"（华沙医院的护士长在描述芭芭拉·斯卡格教授临终前状况时说道，Polish Radio Channel 1，2009年9月3日）。

基础上，我们认为大多数健康问题可能都是由生活环境长期欠佳所导致的。

有鉴于此，老年期的到来比我们预想的要早，而且也具有病理学的特征。必须区分**首要变化和次要变化**的不同之处，首要变化主要是正常的、生理性的改变，而次要变化主要是由疾病所导致的而且是不可逆的。因此，越来越多的老年学者开始采用二元的视角来分析老龄化：

1. 把老龄化视为**非疾病状态**，不过这种状态也很容易被与年龄有关的疾病所打破；

2. 把老龄化视为一种几乎不会遭遇疾病风险的**高度功能化的状态**，这也是对因非年龄有关的疾病所带来的病理性老龄化进行反驳（见图1）。

这些研究视角为推进研究良好老龄化的标准与影响要素和确定研究方向奠定了基础。比如，世界卫生组织开发了一种被称为残疾调整型寿命（a disability-adjusted life year，DALY）的评价体系——它能够计算在疾病、残障或早逝基础上所形成的预期寿命，这种体系也针对正常衰老或在病痛中衰老的人群而采取多种干预目标。

次要老龄化（病理性的老龄化）可能因多种原因而加速，比如饮食习惯不良、电离辐射、心理压力、成瘾与恶习、久坐不动、噪音、震动、微观环境、小气候恶化等。

生理学意义的老化的双重特征使得诊断分析流程相当困难。一方面，疾病症状可能被医生解读为正常老龄化的一段过程（未能做出全面诊断[28]）。另一方面，更糟糕的是，医生把正常老龄化视作疾病现象（过度诊治）。

---

[28] 世界卫生组织称，在很多发达国家，医生忽视了其病人40%～50%的病症，在行走困难的人群中，三分之二人的家庭医生都不知道他们存在此问题，医疗保障体系也不知道20%～50%的人群患有尿失禁问题。E. Heikkinen, "Health Implications of Population Ageing in Europe," *World Health Statistics. The Impact of Demographic Trends on Health*, 1987, vol. 40, no. 1, pp. 25, 33; The World Aging Situation, United Nations, New York 1991, p. 22 and other.

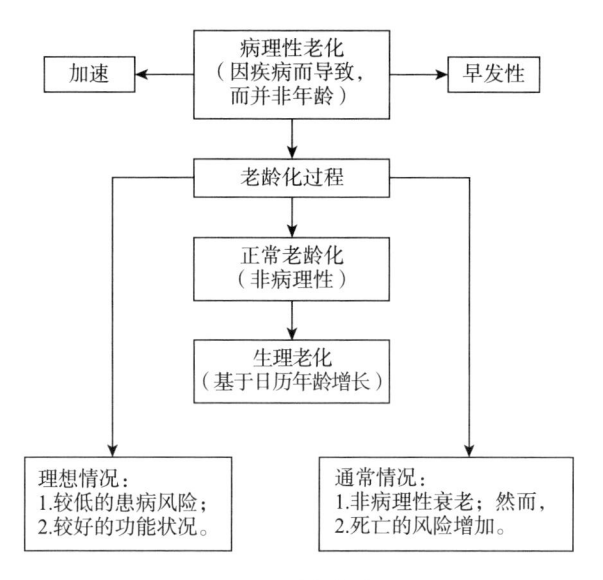

```
                    ┌─────────────┐
                    │ 病理性老化    │
        ┌──加速─────│(因疾病而导致,│──早发性──┐
        │           │ 而并非年龄)  │          │
        │           └──────┬──────┘          │
        │                  │                 │
        │           ┌──────┴──────┐          │
        └──────────→│  老龄化过程  │←─────────┘
                    └──────┬──────┘
                           │
                    ┌──────┴──────┐
                    │  正常老龄化  │
                    │  (非病理性) │
                    └──────┬──────┘
                           │
                    ┌──────┴──────┐
                    │   生理老化   │
                    │(基于日历年龄增长)│
                    └──────┬──────┘
            ┌──────────────┴──────────────┐
    ┌───────┴───────┐              ┌──────┴──────┐
    │理想情况：      │              │通常情况：    │
    │1.较低的患病风险;│              │1.非病理性衰老;然而,│
    │2.较好的功能状况。│              │2.死亡的风险增加。│
    └───────────────┘              └─────────────┘
```

图 1　老龄化的类型

资料来源：作者整理。

有两项重要事实导致老年人出现病理性症状并加速老化的过程，不容忽视：

1. 基因遗传的疾病受到环境因素影响；
2. 老年人的免疫功能下降，因此身体器官保持平衡稳固的能力下降。

因此，如果我们推断老龄化是一种基因性的过程，也是环境对器官累加效应的体现，那么下列内容就相当重要了：

1. 我们从父母所继承的基因的潜在方面；
2. 我们每天赖以生存并逐渐变老的环境；
3. 生命的质量，而不仅仅是生命的长短。

尽管老年并不是一种疾病，老龄化依然会增加患病的可能性。老年人健康问题实质上受到如下要素的影响：[29]

1. 受到严重疾病的困扰，康复更加缓慢；
2. 多种疾病阻止功能的恢复，使得治病目标不再是康复，而单纯

---

[29] 对老年人有关的健康问题的综合性分析，可以参考 R. Chernoff, D. Lipschitz, *Health Promotion…*, op. cit.。

是维持现状；

3. 单种疾病或者多种疾病出现的频率和持续时间；[30]

4. 身体器官的组成和功能的转变——这通常会导致器官损伤并影响功能的独立性；

5. 对疾病和药物治疗效果的反馈较弱，这一点需要强调；

6. 营养不良所导致的问题——食欲不佳、掉牙、味觉障碍、消化不良，还包括一些经济层面的困难和孤单寂寞，从而使老年人不愿认真对待饮食；

7. 事故与伤病[31]正快速成为导致老年死亡与残疾的主因——其原因主要是视力和听力损伤、反应能力下降、环境中的人为因素导致行走愈发困难，也包括家庭环境的原因（室内照明不佳、地板湿滑或不平、危险之处未做标明或标识不清等）。

事实上的虐待，即无形疾病或后期依赖性（奥地利老年学家罗森梅尔称之为后期自由），对这一问题美国人的认识比欧洲人要清楚得

---

[30] 在慢性疾病类别中，有超过三分之二的病症类型困扰着65岁及以上的老年人；在许多欧洲国家，每位老人被认为至少患有2～3种慢性疾病。据报告称，在英格兰，60岁及以上的老年群体中，至少过半的老人患有3种及以上的疾病。在西德地区，一项深度医学调查揭示，75岁及以上人群平均每人患有10种微恙（"Ageing and Health" *The International Journal of Public Health*, Bulletin of the World Health Organisation, Geneva 26.10.1999; P. Baltes, K. Mayer (eds.), The Berlin Aging Study: Aging from 70 to 100, Cambridge University Press, New York 1999；波兰的相关调查数据表明最常见的老年疾病包括：心血管系统疾病（女性患病率更高）、肌肉骨骼系统失调（与性别无关）、呼吸系统疾病（男性患病率更高）、糖尿病（男性患病率更高）、轻度瘫痪和衰老（女性患病率更高）。M. Mossakowska, A. Więcek, P. Błędowski (eds.), *Aspekty medyczne, psychologiczne, socjologiczne i ekonomiczne starzenia sie ludzi w Polsce* [Medical, Psychological, Social and Economic Aspects of Ageing in Poland], Termedia Wyadawnictwo Medyczne, Poznan 2012; B. Żakowska-Wachelko, *Zarys medycyny geriatrycznej* [An Outline of Geriatric Medicine], Wydawnictwo Lekarskie PZWL, Warsaw 2000; J. Kocemba, "Biologiczne wyznaczniki starości" [Biological Determinants of Ageing], in A. Panek, Z. Szarota (eds.), Zrozumieć starość [Understanding Old Age], Test, Cracow 2000.

[31] 老年骨折有90%都是因为摔倒而造成的。这不仅仅是个人健康问题，更是一项影响健康照护系统的经济问题。参阅 C. Scanaill, Ch. Garattini, B. Greene, M. McGrath, "Technology Innovation Enabling Falls Risk Assessment in a Community Setting," *Ageing International*, 20-11, no.36, p.228; R. Kenny, "Mobility and falls" in M. L. Johnson (ed.), *The Cambridge Handbook*…, op. cit.。

多。老年人饮酒（尤其是老年男性）主要是为了应对环境改变，减轻由抑郁、失眠或者身体问题而导致的心理压力或情绪失常，而酗酒也有可能是因住院、入住养老院，或者经济与家庭问题所导致。医生们通常没有意识到这些问题——他们对老年患者的酗酒史的忽略，影响了他们对老年人所患疾病做出正确诊断。老年人酗酒率看起来如此之低，其实是因为年轻酗酒者死亡率更高所导致，或者是由于家丑不可外扬，或者是由于医疗的原因或外界因素的原因（比如在医院、养老院、家中等）而抑制住了酗酒。[32]

药物成瘾——众所周知，老年人是药物的主要消费者，不过越来越多的研究揭示摄入成瘾性药物的老年人和对药物上瘾的老年人数量都在不断增加。雪上加霜的是，既酗酒又对药物上瘾的老人数量也在不断增长（主要因为摄入抗抑郁药物的女性老人越来越多）。[33]

自杀正成为老年人的主要死因之一[34]——高龄老人的自杀数量（主要是女性）占自杀老人总体的25%。[35]

---

[32] 根据细致的估算（数据不均衡），不住在养老院中的老人，其中2%~12%可能是酗酒者（这一数值取决于总人口的酒精消费比例）。而对居住在养老院中的老人而言，这一数值可能增长至20%~25%。参考 Substance Abuse Among Older Adults, Center for Substance Abuse Treatment, Substance Abuse Among Older Adults, Rockville (MD): *Substance Abuse and Mental Health Services Administration* (US), Treatment Improvement Protocol (TIP) Series, 2008, no. 26; *Substance abuse treatment: Addressing the Specific Needs of Women*, TIP Series-Treatment Improvement Protocols, 2009, no. 12; A. Staab, M. Lyles, *Manual of Geriatric Nursing*, Gleneview, London 1990, p. 547 and next; D. Eyde, J. Rich, Psychological Distress on Aging. Family Management Mode, Rockville 1983, p. 143 and next.

[33] 举例而言，一项1980年代对65~74岁代表性德国人口群体的调查揭示，25%的女性和12%的男性使用治疗精神疾病的药物（P. Ellinger-Weber, "Medikamentengebrauch und Medikamentenabhangigkeit im Alter-unter besonderer alterer Frauen," in *Alter and Sucht*, Hamburg 1990, p. 28 and next）。其他研究者（Gurland）认为5%~10%的老年人服用安眠药和苯二氮平类药物。Bron和Lowack的研究表明30%~40%的精神病患者存在双重上瘾问题：酒精和药物上瘾。参考 J. Corry, P. Cimbolik, *Drugs, Facts, Alternatives, Decisions*, Belmont, Ca 1985; *Alter und Sucht*, op. cit., p. 18 and next。

[34] 在美国，自杀是导致老年人死亡的十大主要原因之一；而波兰把老年自杀率隐藏在一项总体性统计之中——外因所导致的伤害或中毒，不过自杀率也会随着年龄提升而增长，特别是65岁以上的老人。

[35] 在波兰，50~71岁人群占自杀人数的28%，71岁以上人群占自杀人数的7%。对女性而言，这一数值分别是32%和11%。作者对这一数值的计算来源于2011年的相关警务统计数据。

老年人自杀的主要原因包括如下多个方面：

——抑郁；

——逃避的倾向（退缩）；

——哀伤（特别是在丧偶后的一年中自杀的概率很高——男性老人在丧偶后，自杀的概率会增至四倍）；

——社会隔离（寡居，独居等）；

——因某种原因期盼自己的死亡早日到来；

——组织与完成行为有困难；

——感到无助；

——禁锢性反应；

——躯体失常；

——为避免使家庭因长期负担照护治疗费用而陷入经济危机；

——缺少继续活下去的理由，生活乏味、没有乐趣、缺少目标；

——感到生命没有价值，缺少自尊；

——器官失常；

——睡眠不规律（噩梦频发等）。

做出自杀的决定有可能很快，但也可能被推迟（因饮食、药物、治疗、医生诊断等而打消此念头，也可能因危险行为、严重酗酒等而加快准备自杀的进程）。大量证据表明老年人的自杀倾向和老年人对自身的主观评价有关，同时也包括对未来的消极评价，而不是基于疾病、残障、婚姻状况、退休和隔离等客观情况。[36]

在大多数情况下，我们很难辨明正常老龄化与老年疾病之间的差异，老年人可能不时地调整他们对自身健康状况的评估，并将某些疾病

---

[36] 参考 R. Butler, M. Lewis, Aging and Mental Health. Positive Psychosocial and Biomedical Approaches, London 1986, p. 251 and next; A. Staab, M. Lyles, Manual of Geriatric Nursing…, op. cit., p. 138; also: A. Schmidtke, B. Weinacker, "Suizidraten, Suizidmethoden und unklare Todesursachen alter Menschen," *Zeitschrift fur Gerontologie*, 1991, no. 24（1）, pp. 3–11; G. Dankwarth, K. Puschel, "Suizide im Senium," *Zeitschrift fur Gerontologie*, 1991, no. 24（1）, pp. 12–16。

症状视作老龄化的正常表现，由此他们对疾病的耐受力增强，而由疾病所导致的焦虑（反正我快死了）反倒被忽视了，等等。

近年来的研究表明，尽管健康自评的标准是不确定的，但比起医学诊断它倒是并不算坏，在评判自身健康状况时能发挥作用，特别是对老年人而言。有大量证据表明健康与情绪的自评状况，相比慢性疾病，对老年人的身体功能所产生的影响更大。㊲

身体功能的诊断首创于上世纪 60 年代，其评判标准有如下几个方面：

1. 通过名为**功能年龄**的质量标准——基于与日历年龄的比较，可以比较不同个体的身体功能；

2. 测量日常生活（Activities of Daily Living，ADL）能力——该量表主要用来测量患慢性疾病的病人的康复情况，同时也作为封闭式养老机构对入住老人进行分类的重要标准。随着该表的不断改进，它已成为公认的辅助性治疗评判工具，在评判失能或半失能老人的照护开支方面非常有用。㊳

㊲ 影响不同国家健康自评的要素主要是文化要素（知识、健康社会化、承担病人角色的经历，等等）。比如坦佩雷的 Finns 认为健康自评和疾病的数量、症状与功能能力，以及总体生活满意度有关（E. Heikkinen, "Health Implications of Population Ageing in Europe," op. cit., p. 28）。此外，在波恩开展的纵向调查（H. Thomae）表明当人们表现乐观以及孤独感较弱的时候，其对健康的自评就更高，对其周遭事物就更感兴趣。不仅如此，1973 年，耶日·彼得罗夫斯基在波兰开展的一项代表性调查表明，四分之一的老人对其健康持积极评价，而有 41% 认为健康状况很糟 [J. Piotrowski, Miejsce człowieka starego w rodzinie i społeczeństwie (The position of the elderly within the family and the society), PWN, Warsaw 1974, p. 86]。除此之外，1980 ~ 1991 年，四分之一的退休人群认为自身健康状况良好 [B. Synak (ed.), Polska starość (Polish Old Age), Wydawnictwo Uniwersytetu Gdańskiego, Gdansk 2002]。值得注意的是美国退休年龄的老人对其自身健康状况的评价要优于波兰的同龄人——美国老年人认为自身健康的占三分之一左右。[A. Zych, Człowiek wobec starości. Szkice z gerontologii społecznej (Facing old age. Outlines of social gerontology), Warsaw 1995, ed. 2: BPS, "Sląsk" Katowice 1999, p. 49 and next]。相比之下，在 1980 年代，苏联 13.6% 的老年人认为自身健康状况良好，而这一数值在西德地区高达 30%。在美国，68.9% 的被访老年人认为其健康状况非常好或者良好（S. Clemen-Stone, D. Eigisti, S. McGuire, Comprehensive *Family and Community Health Nursing*, McGraw-Hill, St. Louis 1991）。

㊳ 现如今，许多研究中心都开展了关于身体功能的多维度研究——本书的作者也为不同年龄段的人群设计了一些评测量表：Z. Woźniak, *Niepełnosprawność I niepełnosprawni w polityce społecznej. Społeczny kontekst medycznego problemu* [Disability and Disabled in Social （转下页注）

在多国大量代表性研究和功能性研究的基础上，我们可以得到如下结论。

1. 身体功能随着年龄增长而下降，尽管如此，发达国家近半数的老人在从事日常生活相关活动方面鲜有阻碍。

2. 老人在 70~75 岁会对做家务与从事交通运输工作感到力不从心，[39]75 岁之后，老人会在个人卫生、做饭、自己吃饭、穿衣服与从事室外活动（购物、办公等）等方面存在困难。更进一步说，几乎近半的 85 岁及以上的老人都需要外界的帮助。

3. 女性老人的能力，特别是 80 岁以上的女性老人，比男性老人要差——不过，也有研究表明尽管女性的生活能力更差，她们却极少向外界寻求帮助。

4. 在大多数国家，老年女性比男性活跃程度更低，且更容易出现孤单寂寞问题。

5. 老年期常常与感知功能的残障相伴——针对欧洲的研究表明五到六成的老年人有听力问题，三到五成的老人有阅读困难。

6. 随着人变老，身体行动能力会逐渐下降，且人的重心会变得不稳。

7. 在高龄老年群体中，大多数人身体反应能力会下降，做事比以前慢，行动能力下降，身体协调性变差。

8. 在 85~89 岁年龄段的老人中，三到五成的老人咀嚼存在困难。[40]

在思考对老年人提供最有效的照顾时，我们不能忽视经济层面的障

（接上页注[38]）Policy. Social Context of a Medical Problem］, Wydawnictwo Szkoły Wyższej Psychologii Społecznej, "Academica," Warsaw 2008; 同上，*Najstarsi zpoznańskich seniorów. Jesień życia w perspektywie gerontologicznej* (The Oldest of Poznan Senior Citizens. The Autumn of Life from Gerontological Perspective), Wydawnictwo Miejskie, Poznan 1997。

[39] 在老年人步入 75 岁及以上年龄段时，他们更可能在器官和身体系统方面出现老化和慢性疾病等问题——这一过程伴随着大量生理机能的退化（特别是女性老年人）。

[40] E. Heikkinen, "Health Implications of Population Aging in Europe," op. cit., p. 29 and next; Th. Abelin, D. Schlettwein-Gsell, "Behinderungen und Bedurfnisse Betagter," *Schweizerische Medizinische Wochenschrift*, 1986, no. 116, pp. 1524–1542。

碍，以及因为资源的有限性[41]而导致人们在采取各种方式满足高龄老人的需求时，出现道德困境。

在制定老龄项目方面经验比较丰富的国家，已经注意到如下要素会影响政策执行的效果。

1. 全球的经济学家（大多数是会计人员），都反对进一步丰富老年照护的形式和内容（特别是预防性的内容），他们认为老年人：

——占据了医院40%的病床位（特别是急救床位，所以急救有时也被称为老年紧急服务）；

——消耗25%的处方药；

——消耗30%的政府开支，退休后老人的医护费用是年轻患者的三倍。[42]

2. 负责公共财政的官员会质疑花费这么多钱，而效果却不明显，这究竟是否值得。

3. 医疗技术的发展与专业化的推进，导致在健康照护过程中出现人伦道德败坏与去人性化等问题——这一问题随治疗的虚无主义而变得愈发严重，并在某些医护人员的行为中加以体现。[43]

4. 从事家务工作、帮助与照护老年人或残疾人的工作人员，其较差的工作状况（薪水低、得不到尊重、工作困难乏味、疲劳的风险）导致相关人手短缺，且选择该类工作的意愿不高。由此导致照顾者培训费用的增加，而对接受照顾者施虐的风险增加。

5. 在涉及老年照护的方式和资源背后，常常存在着公开的政治性与纯粹的经济性动机，专家在面对这一现象时常出现无助感。[44]

---

[41] 资源可以用来达成目标，解决问题，消除威胁，并使人们实现生活目标、动机或者价值。资源可能是物质的（金钱、住房、食物、居家或者机构照护、交通、着装等）或者是非物质的（知识、勇气、无私、动力、激励、人性、爱，等等）。因此，资源包括个人特质和拥有物，与他们最亲密的社会环境（家庭、朋友、邻里），以及正式和非正式群体、组织、协会和机构。

[42] *Aging in OECD Countries. A Critical Policy Challenge*, OECD Publishing, Paris 1996.

[43] 以上内容可通过一个简单的公式得以证实：痛吗？你不舒服吗？你的年龄？七十？哦，那肯定很痛！

[44] 时间将会证明，环境照护说的反对者们的观点是否正确。不过，老年学研究已经证实日常活动是很有好处的——不仅是因为它们能够提供争论的焦点，同时也为取得老年人能力的数据，以及满足老年人独立生活所需的相关数据提供了有效的途径。

在为潜在的服务接受者寻找尽可能廉价且多样性的照护服务时,在老龄照护体系中留存有大量的相关资源,即 24 小时全天候的养老院。几年前,北欧的专家对在此类机构中养老的成本进行了计算,认为这一数值等同于一年中每天在家接受 3 小时的照护服务,或者 2 小时的机构照护服务。[45]

基于以上老年学研究发现可知,尽管老年人处在慢性疾病的状态之中,他们中大多数人——即便是高龄老人——认为自己的健康状况不错。由此,我们可以推断有很多身体功能正常的老人,从医学诊断的角度来说并不健康[46]——如果我们考虑资源分配的正确性,以及老龄化项目的有效性,就很有必要区分不同类型的老年人,并估算每种类型的人数,包括:

1. 健康与独立的老年人,该群体只需要定期进行医护检查;

2. 健康与独立的老年人,但该群体需要一定的帮助,比如行走方面的帮助;

3. 患有慢性疾病的残障老人,需要接受持续性的照护服务;

4. 患有慢性疾病的残障老人,需要持续的、专业的照顾(医护服务),为预防疾病恶化,需住院治疗(禁锢的风险增加)。

本章所讨论的内容,主要是为了说明人们的寿命并不主要由生物要素所决定,特别是在生命的最后阶段。在老年后期保持躯体的健康其实并不特别重要,更关键的是在社会与文化要素的影响下保持幸福感。老龄化过程最关键的不仅是延长寿命,生活质量同样重要〔保罗·巴尔特斯(Paul Baltes)称之为共同进化〕。

---

[45] 在波兰,根据养老机构的现代化程度和机构功能的多元化程度,机构照护的月度总成本大约为 2200～3000 波兰兹罗提(约合人民币 4100～5600 元。——译者注)。

[46] 七到八成的老年人,尽管可能略有困难,但依然倾向于独立生活,仅有 2%～3% 的老人因慢性疾病或残障而卧床不起。剩下的 17%～28% 的老人需要某种程度的照护支持。参考 R. Chernoff, D. Lipschitz, *Health Promotion* …, op. cit.; Z. Woźniak, *Niepełnosprawność i niepełnosprawni* … [Disabilityand Disabled …], op. cit.; M. Mossakowska, A. Więcek, P. Błędowski (eds.), *Aspekty medyczne, psychologiczne* … [Medical, Psychological …], op. cit.

老龄化与死亡是不可避免的。在不愿接纳这两项不可避免的事实时,人们也在对老年期究竟有多长且究竟有多让人心烦进行深入思考,同时也在探寻是否有办法让这生命的最后阶段显得有尊严并令人满意。因此,从宏观上把控老年人的健康与能力状况,并考虑他们的社会地位、基础资源以及他们的晚年生活的组织结构,也就尤为重要了。

三 影响老年人社会状况的心理学要素

使你显得如此苍老的,是压力而非年龄。

——波兰谚语

尽管导致老龄化的原因主要是生物方面——这些要素推动老年人的"命运之轮"的旋转——老龄化的最终结果和老年人的社会状态[47]受到大量非生物学要素的影响,主要是社会心理方面、文化方面与经济方面的要素。

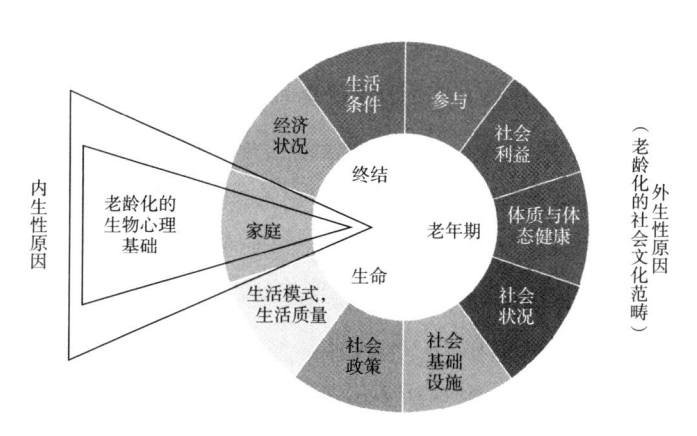

图 2 老年人的命运之轮

资料来源:作者整理。

---

[47] 社会学家把社会状态定义为个体所处的社会地位附带的名誉或声望。这是对特定群体中的个体所做的综合性社会评估。

从社会学的角度来看，老龄化是由对社会环境的反馈所触发的一系列改变。社会年龄反映了老年人所处的社会地位，因此它常常是基于对个体所处的社会角色的评判，人的性格、视野和地位随着生命阶段的不同而改变，同时也改变了老年人的社会地位（见表1）。

在工业时代来临之前，老年人的地位主要取决于他们在家庭中的家长角色和地位：

——他们的权威地位能够对晚辈进行控制，并对其未来产生影响；

——他们小心翼翼地保护自己在知识与技能方面的垄断地位（生活经验，也就是所谓的生活智慧）；

——对传统的支持，这种支持根植于宗教戒律之中；

——在大家庭中的亲属关系和责任义务的力量、依赖性的程度，以及社区成员所提供的互助的范围。

18世纪以来，伴随着老年人数量的增长，该群体的家庭和社会地位都在逐渐下降。社会现代化（工业化、城市化、教育的普及化、药物治疗的发展、健康保障的广覆盖）是导致老年人社会地位下降的主要原因。[48]

由于高龄老人的社会地位偏低，当前的老年人的社会状态被认为具有典型的异质性。老年人常被刻板地认为是固执的、没有生产能力的、体弱多病且毫无效率，给人平添负担且增加开支；变老的人心态会变得保守、社会交际能力僵化、孤单、隔离、对亲人视而不见、不再从事有意义的活动，从几乎所有社会角色中退出。据一种流行的成见所言，老年期就是成长与发展的反面，是健康、独立、活力与气势的反义词，也不符合年轻、消费主义、享乐主义、道德主义、相对主义等主流价值观。对与老年相关的病理学范畴的关注，阻止了对正常老龄化的客观认识。更不用说宣传者还常常试图把公众注意力转到老龄化所带来的问题

---

[48] 这一概念是在 D. Cowgill 对现代化理论的不断完善的基础之上而得，"Aging and Moderniztion: A Revision on the Theory," in J. F. Gubrium (ed.), *Late Life. Communities and Enviromental Policy*, Thomas, Springfield, Ill 1974, pp. 123-146；同上，*Ageing Around the World*, Wadsworth, Belmont, Ca 1986。

（缺陷、戏剧性、短缺、虐待）。鲜有政治或媒体行动告诉人们如何客观看待老年人的社会地位，或者阐明老龄化所具有的积极意义，并由此把"第三年龄"作为一项全球性的现象。据信，老龄化部分地和我们**所认为的人们生命末期**的重要因素有关，这一问题也就由此而变得愈发重要。[49]

表 1　老年人社会地位的关键性变化及相关支持行动

50~64 岁	65~74 岁	75~84 岁	85 岁及以上
——与朋友相处的时间逐渐缩短 ——无力与青年人交流或这种交流受到限制 ——孩子们离开家庭 ——空巢家庭综合征 ——不再承担照顾或教育孩子的责任 ——无力与孩子们的朋友交流或这种交流受到限制 ——在社区生活中的角色弱化 ——住房有些太大了，但开支还算过得去 ——伴随健康失调而首次出现较严重的症状（中年生活习惯所导致的结果）	——包括专业角色在内的角色感的逐渐丧失（比如一刀切的退休政策——由法律规定的强制退休） ——与工作环境的联系感弱化，和同事们的社会交际减少 ——必须适应退休后收入水平降低 ——丧偶的风险（特别是女性老人） ——同龄人去世 ——健康失调并可能导致慢性疾病 ——在应付生活开支方面出现困难	——健康状况逐渐恶化 ——逐渐丧失活力 ——日常技能丧失或弱化 ——在处理个人照护、卫生、做更复杂的家务、维修工作等方面越来越困难 ——行动能力下降 ——更多的同龄人去世 ——与本地社区的联系越来越少 ——日常开支面临越来越严重的经济和技术困难（特别是房屋开支） ——有必要或打算寻求本地帮助 ——对社会支持的资源知之甚少 ——存在丧失独立性与自我管理能力的风险	——健康状况严重下滑（老龄化与疾病所带来的累积效应） ——在获取照护服务方面存在困难 ——空间感混乱或丧失 ——严重的经济困难（治疗、照护与康复的费用） ——与邻里交流沟通减少或受限 ——能提供照护的人越来越少，这种风险不断提升（社会隔离的风险） ——对他人的依赖程度不断提升 ——可能要和亲人住在一起 ——搬到养老院居住的可能性提升（特别是女性老人）
角色再定位	范围：休闲、教育、工作、参与志愿服务的机会、家庭、邻里、亲友交际圈中的自身角色变化		
潜在的社会支持	社会保障项目：退休金体系、社会福利、卫生保健、租金补助、减少交通费用、更低的通信费用等，以及第三方资源		
非正式关系的介入	独立性最大化：来自代际/邻里圈的服务		
对个体提供的支持性服务	社会福利、卫生保健、志愿者在内的制度性机构		

资料来源：作者整理。

---

[49]　一些老年学理论和概念的一般化也可能出现刻板印象问题，这根植于特定社会的发展程度并被局限在一种文化领域之内。

对老龄化的刻板印象可能造成代际交流不畅，导致其他群体不愿意和老年人交流，并对老年群体及其拥护者们产生消极印象。[50]更糟糕的是，老年人常常被认为是同质性程度很高的群体，就好像一到了特定年龄，之前个性化的宝贵的个人特征就消失不见了，取而代之的是如同一个模子里刻出来的老年群体。

总而言之，对变老的社会认知其实是社会期待（准则、模式、价值与态度）的产物之一，同时也与社区和社会的结构有关。它们制定准则与方法，以满足老年人的需求，为其提供参与社会生活、获取社会资源的渠道。由此，社会定义了社会参与的原则（歧视－平等），并设置了一系列条件，以确定老年期的社会地位（社会地位和威望）和社会条件。基于此原因，潜藏在特定行为和/或社会政策意图之后的决定性要素，就是对特定社会群体（比如老年人）的需求进行预判。这种需求来源于功能紊乱，根植于个体和他们所处的环境，并与某些系统的运作有关（环境、文化、准则或组织的）。[51]

根据社会学和心理学的研究，人们在年龄、社会地位、社会参与等社会生活方面越相似，他们的需求差异性就越小。不过，这一事实并不能阻止个体表达与满足他们的需求。因此，在分析老年人的需求时，不能撇开其他年龄层人群的需求，也不能不考虑总体层面的社会角色。50多年前，由克拉克·迪比茨[52]所领导的研究小组发现了老年人的一系列重要需求，包括采取有意义的社会行为的需求、被接纳为社区/社会一分子以承担特定角色的需求、日子越过越好的需求、有着正常社会生活

---

[50] 在某些极端情况下，这可能会导致"恐老症和年龄歧视"的产生（基于对老龄化的一系列刻板印象和偏见而产生的观念与态度，并根据年龄判断人们的竞争力和需求）。

[51] 需求可以被定义为两种不同类型：被满足的需求，这能够通过一系列满足的标志得以体现；被表达的需求，即在给定时间段内无法得到满足的需求，并停留在激励的范围内。目前，有越来越多的日常需求具有初级需求的全部特征。对这些需求的理论性或方法性的探讨，可以参考 A. Lisowski, *Badanie potrzeb społecznych*（Studying Social Needs），Warsaw 1996.

[52] C. Tibbitts（ed.），*Handbook of Social Gerontology*, *Societal Aspects of Aging*, University of Chicago, Chicago 1960. 到目前为止，迪比茨的理论还没有遭到质疑或被进一步修正。

的需求、被认同为普通人的需求、有机会进行自我表达的需求、获得适切的心理支持并获取健康照护与健康促进的需求、每日生活有规律的需求、与家人保持联系并获取精神满足的需求。

上述的需求列表其实也适用于各种年龄段。不过，老年人的需求特征在于他们的需求没有得到满足、不满的程度逐渐上升，以及影响这种不满的各种经济和社会文化要素。在更高的年龄阶段，对经济安全的需求、对安全感和精神支持的需求的重要性愈发凸显。老年人的诉求并不一定获得了来自社区和主流群体的适切反馈，因为这常常和青年人的需求存在竞争关系。除了社会所认为的物质需求外，老年人生活满意度在满足心理需求方面也同样重要，并与发挥正常老年机能休戚相关。

高龄老人的需求，正如其他年龄层的需求一样，因其代表性特征而各有不同，包括生理特征、人格、衰老的进程等。老年人对他们所处的环境期待不高——这种期待随着年龄增长和健康、能力的恶化而逐渐降低。随年龄增长而逐渐降低的次要需求，事实上使老年人的生活更加简单方便了，因为这能使他们的关注点更多地集中在他们的重要需求层面。随年龄增长而最小化的需求，也受到早期社会的影响，在此阶段中，人们意识到老年期并不意味着使人满足需求。不仅如此，家庭生活的私人属性，以及对家庭整合性的理想化，导致对高龄老人家庭照护水平进行评估鉴定存在难度，并致使老年人在家庭范围之外寻求帮助。

老龄化的生理、心理以及社会方面并不总是同步的，这样会带来另一种适应性挑战。老年人尝试在自身需求和外界期待（厌恶的人或事）之间寻求平衡。换言之，成功适应老龄化，依赖于认知与情感方面的平衡。减弱的社会关系会带来老年人生活模式的变化——随着年龄增长，他们更加倾向于关心自己的事情，特别是他们的健康。由此，老人的周遭世界如何与老人的适应性限制相匹配，就成为一个重要的问题。如果老年人适应社会生活的能力是受限的，那么老人就可能被社会排斥。汉斯·托梅（H. Thomae）的研究[53]表明，老年人采取一种针对社会地位的**认知重建**的方法，来应对不可能改变的既成社会事实（事情就是如此，别无他法）。这种结构重建可能采取对子辈和孙辈所取得的成就进行辨析与确认的形式，进行积极的解读（我比 X 或 Y 的情况要好），对期待的修正（只要你还年轻，就可以去赢去获取。一旦你老了，就学着享受老年生活吧）。当周遭环境不愿接纳老年人或不愿帮助他们适应时，老年人就倾向于在行为表现方面向其他老年人靠拢，这甚至可能被认为是病理性的表现（例如脾气暴躁、酗酒、不愿意回家、有暴力倾向等）。

伴随着老龄化和适应性策略改变的过程之一，就是人际关系的变化。活力的不断下降导致我们必须重新对社会关系进行评估。通常来说，只有最亲密的人际关系才会被保留，对那些在职场中有很多朋友的人而言，退休意味着社会生活的终结。随着年龄增长，与他人交流沟通的质量的重要性逐渐胜过数量。性格外向且善于交际的人会尽全力维持其社会关系，即便频率和纽带（信件、电话、网络等）紧密度会下降。在晚年期倾向于安享家庭生活的人可能逐渐减少与非家庭成员的人际交往，几乎不会交新的朋友，且与此类朋友的纽带会削弱。这类老年人通常生活于主流社会事件之外，这可能导致老龄化的进程进一步加速。[54]

人们年龄越高，则"世界"对他们来说就越重要，尽管他们出门到"世界"中的频率越来越低。故而，老年人几乎不会开展新的活动，相反，我们发现：

——行为的稳固性提高，而差异性缩小，这导致耐受性极强；

——延续或者（有时候）拓展早年的兴趣爱好；

——在经历了退休初期的较高社会活动（尤其是承担家庭角色）参与程度之后，老年后期主要表现为对非家庭生活进行深思熟虑并主动

---

[53] H. Thomae (ed.) *Patterns of Aging. Findings from the Bonn Longitudinal Study of Aging*, Basel 1976, pp. 157 – 170.
[54] 保持或发展生理与心理机能是成功老龄化的必要条件。H. Thomae (ed.), *Patterns of Aging*…, op. cit., p. 115

退出；

——在进入生命的最后阶段时，承担家庭的角色重要性不是那么显著了。

我们通常观察到的老年人在活动方面的参与程度较低，也可能和老人在其他角色方面的高参与度有关。有时候，老年人的社会角色具有**妥协性特征**（例如丧偶者/单身者可能在友情交流方面更加积极主动，把朋友视作家人），老年人也可能采取**有选择的参与或退出**（比如弱化工作者或同事的角色，以换取在家庭角色中的高参与度，暂时性地从令其不满的角色中退出）。老年人的自由时间也具有典型的相对稳定性特征，伴随着老龄化，休闲活动的多样性就越发淡化了。[55] 日历年龄并不是导致这种多样化的唯一要素。影响并限制老年人活动能力的要素包括了健康、体能、受教育程度、经济资源、对生活的掌控性，以及在生命早期（特别是在中年阶段）所形成的适应性模式。

总而言之，活动的多样性导致老年人进取心的不断提升与生活满意度[56]的提高，同时还包括提升退休的、角色相对稳定的老年人获得新社会角色的可能性。[57] 举例而言，身体活动对健康、活力都大有裨益，还

---

[55] 与老年活动的形式与内涵有关的理论已经得到了诸多学者的证实，比如：M. Halicka, E. Kramkowska, "Uczestnictwo ludzi starych w życiu społecznym" (The Participation of the Elderly in Social Life), in J. Hrynkiewicz (ed.), O sytuacji ludzi starszych (About the Situation of the Elderly), Rządowa Rada Ludnościowa, GUS, Warsaw 2012, pp. 33 - 50; F. Bijnen, E. Feskens, C. Caspersen, W. Mosterd, D. Kromhout, "Age, Period, and Cohort Effects on Physical Activity Among Elderly Men During 10 Years of Follow-up: The Zutphen Elderly Study," Journals of Gerontology Series A: Biological Sciences and Medical Sciences, 1998, vol. 53 (3), pp. 235 - 241; H. Thomae (ed.), patterns of Aging…, op. cit.; R. Atchely, A. Barusch, Social Forces and Aging. Introduction to Social Gerontology, Wadsworth Publishing Co., Belmont, Ca 2005; P. Wehr, "Die Freizeit der 'Neuen Alten.' Daten Fakten," Freizeit-Padagogik. Zeitschrift fur Kritische Kulturarbeit, Freizeitpolitik und Tourismusforschung, 1990, no. 3 - 4, p. 103 and next; F. Poggeler, "Zwischen Isolation und Emantzipation-Zur Zeitfreizeit im Alter," Zeitschrift fur Kritische Kulturarbeit, Frezeitpolitik und Tourismusforschung, 1990, no. 3 - 4, p. 114 and next。

[56] 我们不应当忽视还有大量老年人健康状况不佳，以及收入无法满足其需求。

[57] 专家认为，在推广积极老龄化理念，以及反对老年隔离与独居问题时，**应当采取平衡与审慎的态度**。同时避免"极端活动主义"，这可能超出部分老年人的活动能力。这一问题主要针对退休后老年人的相关工作，以及身体活动等方面。

能够在最需要的时候增强老人独立性和自身可靠性。人际交往活动使老年人在失去诸多社会角色（补偿）之后还能够获得支持。智力活动依然保持了早期的水平，并能帮助老年人适应当前社会所出现的一系列新的变化与挑战（现代科技、新的组织解决方式、新的交流沟通工具等）。智力水平（高级的认知功能）并不一定随着年龄增长而逐渐下降。首先，智力的减退在步入老年期之前就已经出现了，而且覆盖全部人群（特别是当人们放弃重视智力活动时）。其次，所谓的晶态智力（实用技能、知识、经验的能力）依然会延续下去甚至随着年龄的增长而提升。[58]

在成熟期与老年期，智力活动依赖于业已习得的技能，并试着进行调适以适应之前的经验结构。不过，在生命的后期，认知结构可能达到"超载"的水平，所以需要进行简化与有针对性的选择，这可能导致"选择性紧张"，或"选择性关注"，也会导致"对环境刺激的选择性反映"。学者们认为这种选择性的关注可能被误认为是退缩。

人类才智、人格[59]与经验的结晶就是**智慧**[60]，老年人常被认为是智慧的持有者，同时智慧也和老年人的生活满意度休戚相关。

---

[58] 心理学家在评判年龄对智商的影响时通常非常谨慎，特别是在归纳推理、发现互相联系和共同的相关因素，以及学习、短期记忆和推理速度方面。他们倾向于认为年龄可能影响特定的技能（语言、教育、社会/技术知识，以及非专业技能，包括理解速度、精准度和细致程度等）。通常认为老人的智商水平比年轻人更低。不过，除非智商是由多年经验基础上所形成的认知系统所支持的，它会随着年龄增长而减少，正如智力成就事实上是心理和文化共同作用的结果。Pitt 认为老龄化的过程直接影响智商和人格，尽管并不确定它在多大程度上受到大脑衰老和老年人社会地位的影响。B. Pitt, *Psychogeriatrics*, Churchill Livingstone, Edinburgh 1976. 也可参考 D. Bromley, *The Psychology of Human Ageing*, Penguin, London 1966。

[59] 老年期可以被看作是在个体社会化早期所形成的人格特征的固化和强化。

[60] 尽管智慧需要智力（心理）能力/适应力，但智慧的其他方面常常被提及，包括：感知力、信息资源、以经验为基础的实际知识储备，以及"生命的基础性存在"，包括在生活中做出困难的决定，并拥有对影响生活的重要元素，包括生命周期、生活区别、生活管理、生活条件、生命意义等相关知识并能够做出评判。参考 P. Baltes, J. Smith, "Toward a Psychology of Wisdom and Its Ontogenesis," in R. Sternberg (ed.), *Wisdom: Its Nature, Origins and Development*, Cambridge University Press, Cambridge 1990, pp. 87 – 120; U. Lindenberger, P. Baltes, "Intellectual Functioning in Old and Very Old Age: Cross-sectional Results from the Berlin Aging Study," *Psychology and Aging*, 1997, no. 12; R. Sternberg, E. Grigorenko, "Intelligence and Wisdom," in M. L. Johnson (ed.), *The Cambridge Handbook*…, op. cit.

然而最终，每个老年人都会步入生命的最后阶段，在此期间，由于活力与健康的大幅减弱，老年人的社会角色属性减退，同时被病人或残障人士的身份所取代。通常而言，这是一个渐进且多阶段的过程，但如果老年人是在机构中接受照护的，那么身份的减退就会加速，老年人选择的自由权和独立性就愈发受到限制。

老龄化是普遍性的、生物学的和社会学的现象，照顾老人、尊敬老人是人类文化的基本价值之一。家庭在稳固老年人的社会地位方面起着重要的作用，因为：

——与家人交流可能是老年人唯一的社会联系；

——家庭系统内的活动是人类活动最典型的实现形式；

——对老年人来说，成为家庭——基础性社会群体——的一分子是获得情感均衡，或者说，精神健康的方式之一，进一步来说，这会帮助老年人适应由退休所带来的生活改变。与家庭成员的关系可能在激发老年人活力方面产生抑制/刺激作用，这种作用基于家庭内成员的行为模式和家庭责任。

在家长制的家庭结构中，老年人享有更高的权威和更稳固的照护。20世纪改变了家庭结构，动摇了老年人的社会地位。由两代人组成的核心家庭开始涌现，在这种家庭模式中，尽管家庭成员和分开居住的老人依然保持了紧密联系，但却不能给予老人以治疗慢性疾病或预防残障方面的保证。今天，考虑到全球性的老龄化问题，传统的扩展家庭（多代）和解放了的核心家庭都不是最有效的。

现在最有效的家庭结构是多个小家庭的联合，且互相具有一定的依赖性。这种依赖性意味着核心家庭的成员们互相交换服务与产品（不一定是物质的），而不受经济或空间的限制。这种模型不仅能够保留家庭的全部优势，还能够获得更多的资源，降低权力的集中趋势，并在满足其成员需求方面具有更好的弹性。家庭社区正愈来愈成为代际选择的结果和共识。然而，这种变化并没有伴随着适宜新型家庭关系和代际关系布局的社会角色概念而出现。幸运的是，老年学研究表明，尽管我们忧心忡忡，但核心家庭的聚集并不足以产生将老年人隔离在家庭生活圈之外的威胁。[61]

每一个世代都必须面对伴随着老龄化而来的代际转型和结构重构（见表2）。可以通过多种方式来证明代际的团结一致：情感与空间的紧密程度（提高进行交流的可能性），想法、准则和价值观的共同体，相互间交换情感、物品、服务和支持（工具性和情感性的支持）；不同世代之间的联系，以及子孙辈对父母和祖父母辈所应当承担的义务。

表2 代际关系的优势和风险

代际关系的优势	
对老年人而言	对青年人而言
——可能改善抑郁情况——总体免疫系统的强化 ——提供需求与生命的意义——产生被需要感 ——使老年人精力充沛身心愉悦（知识的传播） ——对无家庭成员或孙子女的老年人满足其社会需求 ——双方经常性与多样性的交流沟通（从子女到父母，和从父母到子女），以降低恐惧 ——在今天看来是人口层面的挑战，未来可能在许多方面转变为机遇（今日的需求为明天创造可能）	——帮助舒缓/减低对变老的恐惧 ——帮助青年人群了解老龄化的本质，并在之后坦然面对自己的老龄化 ——为失去祖父母的儿童弥补空虚 ——年轻人能够学习新技能，掌握新知识，这被称为"生命智慧" ——强化对他人的责任，并不仅仅是一种理性交换，同时也是公民的道德 ——增强社会与情感智慧——有可能建构利他主义的态度 ——未来代际政策会更多地向年轻人、家庭和老年人方面倾斜
代际关系的桎梏	
社会的	发展的
——小型家庭占主流——老年独居户的数量越来越多，特别是女性老人 ——家庭结构与功能的改变与个人化 ——孙子辈对祖父母知之甚少，只知道他们年纪很大——特别是当代际沟通不畅时（文化与状态的差异较大，地理空间的距离） ——对青年的颂扬（apotheosis），以及对老年人的媒体刻板印象，强化了对老年期的恐惧	——如果孩童不和老年人交流，他们在理解老年人方面就会有困难 ——孩童对老年人的消极认知 ——这种消极认知随着年龄增长而提升，因此在早期树立积极的代际关系有助于减轻这种消极认识 ——对青少年来说与老年人建立关系是相当大的挑战

---

[61] 由如下研究所证实：M. Silverstein, V. L. Bengtson, "Intergenerational Solidarity and the Structure of Adult Child-Parent Relationships in American Families," *American Journal of Sociology*, 1997, vol. 103, no. 2, p. 444; M. Silverstein, V. Burholt, V. L. Bengtson, "Parent-Child relations Among Very Old Parents in Wales and the United States," *Journal of Aging Studies*, 1998, vol. 12, no. 4, pp. 387-409。

续表

代际关系的桎梏	
社会的	发展的
——家庭的资源交换可能带来社会不平等 ——女性必须在职业生涯和照顾老人之间做出取舍 ——财务情况可能引发家庭内的冲突	——青少年倾向于活在当下,并主要考虑他们自己的事,所以他们对了解老年人意兴阑珊 ——青少年需要引导和勇气,来帮助他们与老人沟通交流,并了解老龄化的含义

资料来源:L. Spence, H. Radunovich, *Developing Intergenerational Relationships*, University of Florida, Gainsville 2010; M. Kalmijn, *Theories About Intergenerational Solidarity*, Department of Social Cultural Sciences. Tilburg University, Tilburg 2005; A. Hatton-Yeo, T. Ohsako, *Intergenerational Programmes: Public Policy and Research Implications an International Perspective*, The UNESCO Institute for Education, The Beth Johnson Foundation, Hamburg。

代际的团结包括:一方面,与群体认同感有关的特定行为与感知;另一方面,则是个人与家庭以及其他社会实体之间的紧密关系。许多国家都已采用多样化的家庭内支持模式,包括不同形式的代际交换——为老年人提供服务、经济支持、纪念性的和仪式性的交流等多方面内容。

在考虑人口老龄化所带来的改变时,需要特别注意自上而下的(父辈—子辈)资源转移与服务,比自下而上(子辈—父辈)的更多。这并不一定是为了应对日常生活的经济压力。

老年学家认为,对正在衰老的亲属予以支持,尽管是自愿性的,但它有时会在建构代际关系的情感内容方面起到工具性的作用。它主要影响某些家长,通过为孩子们提供帮助以精心维护将来的家庭稳固。

与广为传播的老年人遭子辈遗弃这一刻板印象相反的是,家庭的价值被重新发现,也包括实现团结一致的潜在可能,这被认为是社会资源的重要来源,是对劳动力市场问题的缓解,以及满足情感、物质和照护需求的基础结构。[62]

照顾正在老去的双亲,特别是饱受慢性疾病或晚期疾病之苦的老

---

[62] *Active Ageing and Solidarity Between Generations. A Statistical Portrait of the European Union 2012*, Eurostat, Publications Office of the European Union, Luxembourg 2011; H. Bartlett, P. Harper, *Intergenerational Relations Research Workshop. Report*, Research Network in Ageing Well, University of Quinsland, Brisbane 2006.

人，可能需要外界的帮助。一些照顾者急切地寻求帮助，来使他们能从24小时不间断的看护之中获得一丝喘息。特别是由于照护阶段的延长使家庭面临着巨大压力，这和家庭系统的适应性技能关系更为紧密，而并非老年人的特定的健康问题。这种状况降低了家庭的内在联系，也成为家庭成员把老年父母送到养老院的主要原因之一（就爸爸的现状我们必须做些什么，以妈妈当前的身体状况她不适合待在这儿/住在她家中，等等）。

因此，我们可以断言老年人的疾病/残障并不是导致代际关系水平降低和功能减弱的主要原因，而其实是家庭系统在应对处于老龄化过程中的父母的功能性变化时，所表现出的适应性情况（能力）。家庭缺乏为老年人提供适切照护的全部知识（传统，以及与传统有关的习俗等），照护者也不清楚所提供的服务是否真的让老年人感到满意（特别是对残障老人而言）。另外，对老年人来说，他们也并不清楚对后代和亲属的期待（要求）究竟是什么。老年人也缺乏必要的能力和准备来接受照护服务。

我们很难预测婴儿潮世代的老龄化将会给老年人的社会地位和功能带来怎样的改变。[63] 该群体与其他之前世代的不同点在于：更低的生育率、更高的受教育程度、更好的健康意识（但如果是第一批婴儿潮人群的话，其健康状况更差）、更为鲜明的经济分层，这可能会导致低收入老年人的数量增长高于拥有社会保障的老年人。预测还认为婴儿潮世代的老人有着更强的地域流动性（旅行）和社会流动性（迁移），对生活方式的期望超过了保险金水平，更倾向于独自居住，出于个人利益更多地利用社会资源，期待甚至要求提供更高水平的公共服务和福利（反对与福利/服务相割裂），而且——最重要的是——要求参与决策制

---

[63] 政治、经济、媒体中的领导地位通常都由50岁左右的人群把持，即便他们已经在逐渐步入退休年龄，他们还是对维持其地位和权力饶有兴味。因此，现今改变我们对老龄化和老年的看法，其实更简单一些（时尚、广告、消费、社会结构中的地位），这是纯粹的利己主义所决定的。由此，老年人的消费者身份及其在劳动力市场资源的地位（银色经济）得到进一步强化。

定，并控制政府部门和公共开支。⑭

生活质量（Quality of Life，QOL）通常被认为是个体在积极和消极要素、社会状态、形势、国家、个人生命事件方面所取得的平衡，也包括在生物、心理、个人、社会与经济环境中所取得的经验，如果人类寿命的延长并没有伴随生活质量的提升，则这种长寿只能算是一点微不足道的"奖励"。

生活质量表现为老年人独立性和自主性方面的不稳定特征。⑮ 对选择多样性的认知提升、态度和行为的多元化，以及对障碍和限制的认识，都极大地加剧了这种不稳定性。生活质量也包括从行之有效的组织体系中获取福利和满足，完整意义上的——特别是——社会保障方面的福利和满足包括：拥有良好的居住环境和社会环境，能够获取健康照护、康复和社会支持的资源。

尽管研究发现老年人的生活质量和其他人群相比并无特别的不同之处（见表3），研究结果表明影响生活质量的关键要素，主要是身体健康，充足且稳定的满足需求的收入来源，适合需要的生活环境，交际活动，朋友与社交生活，开心的家庭生活，身体健康有活力，能够自我照顾，感受到来自后代们的爱、依恋和关怀。

对老年人社会地位和声望的分析表明，就老年人而言，**先赋地位**（由社会/群体所赋予，而不是基于其优点而获得的）比**获得地位**（由社会/群体所赋予，且基于其个人优点，比如教育、收入、家庭状况等

---

⑭ 关于本主题的更多资料，参见：Winters（2005），Quine（2006），Quine and Carter（2006），after H. Bartlett, *Ageing Well and Maintaining Independence into the Future*, Australasian Centre of Aging, University of Queensland, Brisbane 2007, pp. 3 – 4。

⑮ 独立自主是民众在生活选择时所青睐的价值观与行为模式。不过，独立和自主并不能完全等同——独立是一种根据日常生活的要求，而承担角色、功能和任务的能力；而自主则主要指个体遵循自身的意志、原则，并追求欲望和理想的自由。因此，社会伙伴（比如照护者和照护的提供者）须尊重老年人的养老意愿，即使这种意愿与照护者的观点不同。参考 *Active Ageing. A Policy Framework*, A Contribution of the World Health Organization to the Second United Nations World Assembly on Aging, Madrid, April 2002；Preparing for the 21st Century. Focusing on Quality in a Changing Health Care System, http://www.nas.edu/21/health.html [accessed: 23.09.2009]。

表3 生活质量的关键内容——通用的与分类的

老年生活存在	老年生活的范畴	
	一般内容	对老年人特别重要的内容
生理方面 身体与健康	身体健康 个人卫生 营养 身体活动 着装 外观，总体形象	在家和户外自主行走的能力 自我照顾的能力 适切的，均衡的饮食
心理方面 思维和感知	心理健康 适应性 热爱生命	逻辑思维能力 处理每日事务和问题
精神方面 想法和价值	共同的价值 个人的行为准则 观念与信仰	感受到生命成就 参与精神与宗教生活
社会方面 社会生活中的地位	社会状况 社会准则	重新适应并使老年人具有新的社会角色
归属感	与社会环境的关系	
生理方面 居住与工作的环境	家 工作地点/学校 邻里 社区	私人环境 拥有老年友好型设施的家
社会方面 身边的人	重要的他人 家庭 朋友 同事 邻里和社区	能够提供帮助的家庭圈 能够真正接受邻里帮助的机会
社区归属感 可以获得社区资源	适切的收入 服务与健康照护 雇佣 教育项目 休闲项目 社区层面的活动和事件	可以获得健康照护以及使用它的能力 使用周边服务点和商店
自我满足	个人目标的实现，满足需求和抱负	
每日生活 活动 每天的既定生活模式	家务劳动 有偿劳动 教育活动 志愿服务 关注并了解健康与福利需求	照顾伴侣 为其他人提供照顾 做家务的能力 福利活动

老年生活存在	老年生活的范畴	
	一般内容	对老年人特别重要的内容
空闲时间 享乐	促进活动与休闲 减压活动	爱好，兴趣 参加有组织的休闲活动
发展方面 有助于应对生命和改变的活动	增强/维持知识的发展水平与应对改变的适应性能力	为应对生活的变化而增强/维持智力和记忆的水平

资料来源：基于如下文献修改而来：*Quality of Life Research Unit*，University of Toronto；*Quality of Life*，http://www.utoronto.ca/qol/concepts.htm；M. Hodgins，V. McKenna，M. D'Eath，*Enhancing the Quality of Life of Older People in Poverty*（with particular reference to those living alone），Health Promotion Research Centre-NUI Galway：Combat Poverty Agency Research Seminar：30 January 2007，p. 3.，htpp://www.combatpoverty.ie/research/seminars/presentations/2007 - 01 - 30 _ MargaretHodginsEtAl. pdf（accessed：15.06.2011）。

而获得）更为重要。其原因是老年人所处的特殊状态，即对年轻一代的非对称性依赖[66]。依赖是身体虚弱的一种特殊表现形式，或者是在涉及与他人和/或组织的社会关系方面所出现的无助感，这会随着身心健康的退化而逐渐增强。每个人或多或少都具有依赖性，但这种依赖性的程度和形式会随生命历程而改变：从婴幼儿期的完全依赖，到成人期的相对依赖，再到老年期的强依赖。当开始不断发现——真实的或想象的——在日常生活机能方面存在障碍，并且这形成一种恶性循环时，老人对失去独立性的担忧可能增加在生活的方方面面的不安全感。特别是对缺少生活资本的老人而言，这些障碍使老年人在保持其曾经拥有的社会地位方面举步维艰。结果，他们生活在更为困窘的经济状况之中（物质贫困），并更容易被避之若浼的社会与经济状况所缠身。不仅如此，他们通常还无法找到合适的机构来帮助获取、发展并增加生活资本，这主要是因为这些机构的发展滞后，并由公共资源的短缺和低效率等所导致。

---

[66] 从心理学的角度来看，依赖性其实是一种自我控制，个体认为其自身是脆弱的，因此需要依靠强大的其他个体来给予支援（Goldfarb）。

总的来说，为了缓解老年人所处的少数性弱势地位问题，其唯一途径，亦即未来老龄政策中的一项关键性内容，就是反老年人社会衰退之道而行之。同时，开发老年人的潜力，使其在社区生活中做出贡献。

四 推动老年人边缘化和社会隔离的因素

或许人们就和他们所认为的一样老——但这种感知很大程度上是由他们的社会期待和所处的社会地位决定的。

伦纳德·布林（Leonard Breen）

在一系列导致老年人社会功能更难正常发挥的要素中，最关键的就是对老龄化的刻板印象——把少数群体的特征推而广之到全体老年人，这种少数群体和多数群体之间的关系包括如下多种形式：

——冲突（相冲突的兴趣和目标，歧视，敌意，隔离）；

——同化（来自主流或小众群体的压力，要求同化）；或者，

——整合（合作，一视同仁，求同存异）。

老年人可能符合对少数群体的很多定义标准，他们因被消极评价的生理特征、行为习惯、生活模式、社会状态，以及在财富、权利、威望、特权和权利方面较差的占有情况，而被视为受到歧视的一部分人口。[67]

对老龄和老龄化的刻板印象可能形成**歧视**老年人[68]的基础，这种歧视包括言语和**暴力**，并导致**疏远**老年人（比如贴标签，避免/限制

---

[67] 齐美尔对这种现象进行了分析，认为少数派只要居于稳定的，并且能影响产生其特征的社会环境时，便能持久存在。

[68] 歧视是一种基于个体"异类性"特征而衍生的，针对个体/群体/组织而采取的区别对待的手段。比如年龄、性别、信仰、种族、疾病、残障、经济水平、性取向、观点等，都可以成为区分特征。在某些情况下，可能出现"逆向歧视"的问题，即以照顾少数群体为名限制大多数人的利益（比如，对不同性取向的人给予法律保护）。

与老人接触等），**贬低**（针对特定群体的，看似中立实则有偏见的条件、准则或实践），**丧失合法性**（某些机构或者劳动力市场限制／剥夺公民权利，在获取服务和收益方面的不公平性），**剥夺权利**（禁止／限制与某些个人或群体建立紧密联系，居住歧视会导致这种权利的剥夺），**消灭**［把特定人群排除在某些角色、机构、社会公约之外（例如古希腊的贝壳放逐法），在某些极端情况下：拒绝为老人提供医护服务］。

47~48　　年龄歧视，对老年人和老龄化的消极印象和态度，以及对青年的吹捧，可能导致严重的暴力以及／或者对老年人的虐待，或为此大开方便之门，也可能造成代际的冲突。虐待是一种可能导致伤害或困境的方式：从忽视、虐待、心理与生理的折磨，到犯罪（抢劫、盗窃、攻击等），甚至可能导致谋杀。这些行为也可能在本应值得信任或提供照顾的环境下出现（亲友、照顾者、邻里，以及机构中负责照顾老人的护工）。

　　针对老年人的暴力也可能采取"漠视"的形式。在某些极端情况下，它是一种攻击性的，并损害健康的行为，甚至可能直接导致死亡。虐待老年人有多种形式，包括：生理虐待（殴打、束缚、让老人挨冻、不准老人吃饭、下毒、推搡、扇耳光），情感或心理的虐待（持续的恐吓和辱骂、伤害自尊、责备、威胁、隔离、诅咒等），经济虐待（非法或不当地使用他人的钱、财产或其他有价值物品，经济剥削，强制执行委托书，强制老年人做不必要的经济转移，伪造文书，侵占财产），性虐待（未经老人同意的直接或间接性行为：暴露、触摸、拍照、强迫老人看色情片、强制裸露、强奸），忽视（由老年人所信任的正式或非正式照顾者所发起的，有意或无意但会对老人造成伤害的行为，缺少照顾，未能满足起码的照护需求），符号暴力（正如布迪厄所言：系统对象征主义和内涵的不恰当的使用，比如文化，对群体或阶层以他们所认为的合法的方式产生影响）。

我们很难估计涉老暴力与虐待事件的总数[69]，但针对老年虐待的报告表明：

——对老年人施以暴行、虐待的人，通常就是为老人提供照护的人（非正式的或机构照护者），

——大多数受害者是女性或者残障人士，

——大多数受害人与施虐者居住在一起，

——大多数虐待都是由老年人的家庭成员所为。[70]

当然，在机构中养老的老人也存在有受虐待的情况，但相比和家人同住，或者居家的老人来说，[71] 这种案例相对少一些。[72] 总的来说，这

---

[69] 确实很难预测遭受暴力和虐待的老年人数量（这也被称为"黑暗数据"），不过研究表明不同国家的老年人受虐待率大约在 4%~6% 到 25%。参考 *Elder Abuse Fact Sheet*, Administration on Aging and National Center on Elder Abuse, 2009, www. prodevmedia. com/.../elderAbuseFactSheet（accessed：1.10.2011）；A Global Response to Elder Abuse and Neglect: Building Primary Health Care Capacity to Deal with the Problem Worldwide: Main Report, World Health Organization Ageing and Life Course Family and Community Health. WHO Press, Geneva 2008；E. Krug, L. Dahlberg, J. Mercy, A. Zwi, R. Lozano（eds.）, *World Report on Violence and Health*, World Health Organization, Geneva 2002。在波兰，相关领域的研究主要从 1990 年代开始逐渐增多，参考 M. Halicka, "Elder Abuse and Neglect in Poland," *Journal Elder Abuse and Neglect*, 1995, vol. 6, no. 3-4, pp. 157-169；同样的, "Człowiek stary jako ofiara nadużyć"（Older people as victims of abuse）, Gerontologia Polska, 1996, vol. 4, pp. XXXVI-XL；M. Halicka, J. Halicki（eds.）, *Nadużycia i zaniedbania wobec osób dorosłych. Naprzykładzie badań środowiskowych w województwie podlaskim* [Adult Abuse and Neglect. The Example of Field Research in Podlaskie Region], Temida2, Bialystok 2010；E. Rudnicka-Drożek, M. Latalski, "Rodzaje przemocy wobec kobiet po 65. roku życia"（Types of Violence against Women over 65）, in J. Kowaleski, P. Szukalsi（eds.）, *Starość i starzenie się jako doświadczenie jednostek i zbiorowości ludzkich*（Ageing and Old Age as a Personal and Collective Experience）, Zakład Demografii UŁ, Lodz 2006, pp186-189；B. Tobiasz-Adamczyk（ed.）, *Przemoc wobec osób starszych*（Violence Against the Elderly）, Wydawnictwo Uniwersytetu Jagiellońskiego, Cracow 2009。

[70] Elder Abuse Fact Sheet, op. cit；A Global Response to Elder Abuse… op. cit.；E. Krug, L. Dahlberg, J. Mercy, A. Zwi, R. Lozano（eds.）, World Report on Violence…, op. cit.

[71] 比如，2002 年美国福利机构 36% 的职员报告称在过去一年中至少虐待过一次老人，10% 的人承认发生过此类事件，40% 的人承认对老人造成过心灵创伤。E. Krug, L. Dahalberg, J. Mercy, A. Zwi, R. Lozano（eds.）, World Report on Violence…, op. cit.

[72] 和本主题相关的研究比较少见，因为我们很难给出一个可信的分析（个人隐瞒事实，威胁住院老人，忽视老人家庭所提供的信息）。社会公众对机构中的老年人受虐待问题的关注主要是由媒体所引发的。

些案例主要包括限制机构中老人的人身自由，剥夺老人的尊严、自主选择和决定的权利，还包括在照护责任方面擅离职守（比如，使老人遭受创伤或患褥疮的风险）。

刻板印象、歧视、暴力（特别是符号暴力），伴随着社会控制的重要组织（家庭、邻里、法律系统、教育系统等）的萎缩，引发了边缘化问题。[73] 结果，被边缘化的社会个体/群体的特征包括：

——权力被剥夺，且无法参与决策制定；
——权利更少，义务更多；
——选择范围更窄，受到限制更多；
——更少的经济可能性，更低的经济水平；
——更少的受教育、休闲与职业机会；
——暴露在社会压力和危机中的风险更大；
——社会歧视与法律歧视；
——社会标签（污名）和歧视性的行为。

主流学者把边缘化和社会排斥结合起来进行探讨，认为这两个概念是同义词，或者顺序发生/有重叠的内容，并由此认为排斥是一个过程。不过，考虑到当前认知的程度，**边缘化**（过程/来源）应当与**社会排斥**（条件/结果）[74] 相区分。社会排斥是一系列事件/形势所导致的结果，这些事件或形势以动态的方式呈现，具有不同的阶段，也是**剥夺**群体/个人的公民权并将其从社会生活中**扫地出门**的长期过程。这经常会导致边缘化与排斥（见图3）。

排斥并不意味着背离社会生活准则。它关注个体、家庭或组织生活在不利的经济条件下所出现的如下问题，由宏观变化或社会进程所导致

---

[73] 边缘化是社会群体或组织的一种降级，这主要是由群体成员数量的增长、地位的弱化、功能的丧失等所导致，也包括观点/行动不为社会主流群体所接受。这可能导致特定人群无法参与公众主流生活，包括经济、政治、文化和社区生活等。

[74] R. Szarfenberg 提出了类似的标准，参考 *Marginalizacja i wykluczenie społeczne* [Marginalisation and Social Exclusion], Instytut Polityki Społecznej UW, Warsaw 2008, p. 6 and next.

第一章　老年社会政策前瞻 | 39

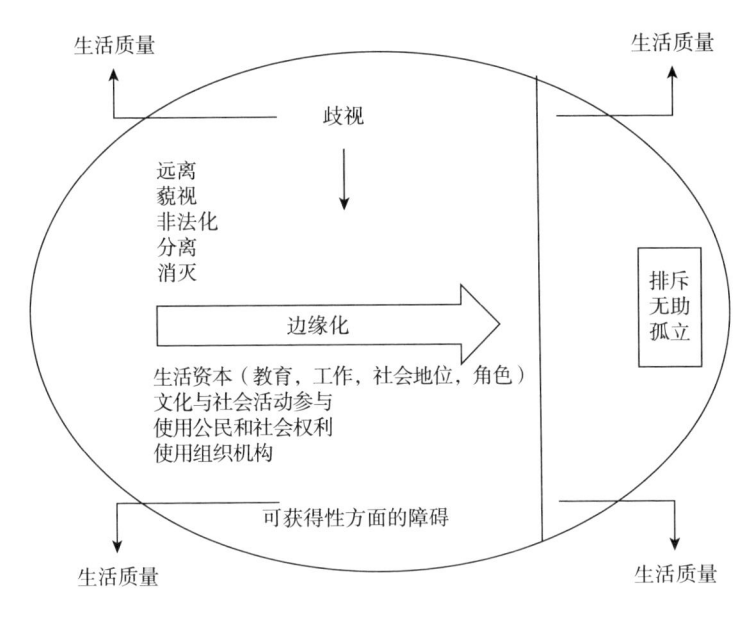

图3　老年社会排斥与隔离——该现象的实质和相关要素

资料来源：作者整理。

的不利的社会状况：缺少生活资本，没有办法接触到能够提供生活资本的机构，某些特征（年龄、性别、残障、成瘾、慢性疾病、其他个体特征）阻止他们获取社会资源，极少参加社会公共活动，被剥夺赋予其他社会群体的权利，缺少使用权利的机会，文化方面格格不入导致几乎无法交流，由于个体/群体的偏见而导致边缘化，成为他人破坏性行为和说教的对象，被在政治、经济、文化和媒体方面掌握主导权的人所控制。

根据国际相关研究结果和波兰社会学家（也包括本书的作者[75]）的

---

[75] Z. Woźniak, R. Cichocki, P. Jabkowski, A. Siakowski, Jakość życia mieszkańców Poznania zagrożonych marginalizacja i wykluczeniem społecznym (badania wybranych kategorii wysokiego ryzyka wykluczenia). Raport z badań wykonanych na zlecenie Urzedu Miasta Poznania [Quality of Life of Poznan Citizens at Risk of Marginalisation and Social Exclusion (The study of selected high-risk categories of exclusion). Research report on the studies conducted for the Poznan Municipal Office], Centrum Badania Jakości Życia Uniwersytetu im. Adama Mickiewicza w Poznaniu, Poznan 2009.

研究发现[76]，在容易遭受社会排斥的群体类型中，老年人在排名榜上的地位并不靠前。

尽管从波兹南获取的研究数据减弱了老年刻板印象的影响，并认为有残疾人的和多子女的家庭特别容易遭受边缘化和所谓的社会排斥。这些数据也表明无用感、缺少控制力和影响力等现象，成为对构建和控制个体生活的特殊威胁。

针对老年人的社会排斥和边缘化的研究着实屈指可数，不过英国[77]开展了一项基于老年人寿命的调查研究。该研究表明并没有所谓的普适性危机要素，对社会排斥而言其影响要素都具有同一性（包括：剥夺收入，剥夺工作权利，剥夺健康，残障问题，剥夺受教育和接受技能培训的权利，在获取住房和服务方面设置障碍，剥夺获取更好居住环境的权利，犯罪）。不过，在不同区域的排斥相互联结的过程中，并不存在所谓的简单引导性效应。[78] 排斥的某些方面增强了在其他领域的排斥，但也有可能没有包含任何危机要素，或者仅仅有其中之一。根据英国专家们的发现，对排斥产生最广泛影响的要素包括：抑郁、健康欠佳、独居、非白人血统、租住房屋、交通问题/障碍、低收入、女性。[79] 年龄

---

[76] 参考 H. Silver, "Reconceptualizing Social Disadvantage: Three Paradigms of Social Exclusion," in G. Rogers, Ch. Gore, J. B. Figueiredo (eds.), *Social Exclusion: Rheotoric Reality Responses*, International Institute for Labour Studies, International Labour Organization, Geneva 1995, pp. 74 – 75; R. Steel, Involving Marginalised and Vulnerable People in Research: A Consultation Document, Promoting Public Involvement in NHS, Public Health, and Social Care Research, Involve 2004, p. 2; *Narodowa Strategia Integracji Społecznej dla Polski* [National Strategy of Social Integration for Poland], Ministerstwo Pracy I Pofflityki Społecznej, Zespół Zdaniowy ds. Reintegracji Społecznej, Warsaw 2003.

[77] 英国政府开展的此项调查面向 50 岁及以上人群，样本量为 9901。参考 M. Barnes, A. Blom, K. Cox, C. Lessof, A. Walker, *The Social Exclusion of Older People: Evidence from the First Wave of the English Longitudinal Study of Aging (ELSA). Final Report*, Office of the Deputy Prime Minister (Creating sustainable communities), London 2006; J. Banks, E. Breeze, C. Lessof, J. Nazroo, *Living in the 21st Cenruty: Older People in England-The 2006 English Longitudinal Study of Ageing (Wave 2 and 3)*, Institute for Fiscal Studies, London 2006. The analysis was based on correctly filled questionnnaires.

[78] 同上。

[79] 大约有一半的老年人没有遭受任何形式的排斥。不过 29% 的老人至少在某一方面遭到排斥，13% 的老人在两个方面被排斥，7% 的老人在三个方面或更多方面遭到排斥。参考 M. Barnes, A. Blom, K. Cox, C. Lessof, A. Walker, *The Social Exclusion of Older People*…, op. cit., p. 8。

与以上各方面的联系并不十分紧密,它主要可能导致高龄老人面临被基本服务、经济产品和物资拒之门外的风险。影响老年人社会排斥的最主要因素包括:高龄(80岁或更高)、独居、无子嗣、心理健康欠佳、租房住/住社会福利房、极低收入、缺少适合自己的交通方式、没有电话。[80]

探讨影响老年人的边缘化与排斥的要素,能够有助于清楚如下相关联系。

1. 变老会导致从基本服务、物质商品和社会关系中受到排斥的风险提高。还有一项附加的原因会导致排斥,就是独居。相比较而言,较为年轻的老人被排斥的风险要小得多。

2. 女性比男性更容易在文化和日常生活中受到排斥,她们也容易受到经济排斥,这主要是由于她们缺少适当的经济工具以管理自己的收入,同时也被限制获得基本服务和物质产品。

3. 男性比女性只在一个方面受排斥的程度更高——社会关系。[81]

4. 独居在各方面都和高排斥性有关;而如果有伴侣,特别是再加上有孩子的话,那么被排斥的概率就会明显下降。和孩子们一起居住(没有伴侣)则常常导致较高的被排斥概率,除了物质方面。而老人如果没有孩子的话,那么遭受物质排斥的可能性比其他所有群体都要高。

5. 初婚和二婚对排斥的影响其实差别不大,属于这两类婚姻类型的对象被排斥的可能性都相对更小,而寡居或离婚者的被排斥可能性更高。此外,几乎一半的"老光棍"在社会方面受到排斥。

6. 居住在乡镇中的老人更可能从社会关系中被排斥(特别是邻里关系)。

7. 基于对家庭和朋友之间联系的基础,没有兄弟姊妹的人被社会

---

[80] 同上,pp. 8 - 9。

[81] Davidson 和 Albert 于 2004 年开展的研究证实了这一设想。参考 K. Davidson, S. Arber, "Older Men: Their Health Behaviours and Partnership Status," in A. Walker, C. Hagan Hennessy (eds.), *Growing Older: Quality of Life in Old Age*, McGraw-Hill, Maidenhead 2004, pp. 127 - 148。

排斥的可能性更高。此外，这些人也更可能被排除在基础服务之外。

8. 有工作或自我雇佣的人在各方面被排斥的可能性都很小。

9. 退休的人更可能在社会关系、物质商品和基础服务方面受到排斥，不过他们在文化和平时活动方面受到排斥的可能性较小。

10. 把自己视为久病不愈或者残疾的人，会遭受多方面的排斥：他们的健康和能力越差，就越有可能在很多方面遭到排斥。行动有困难的人被全面排斥的可能性相当高。视力较差的人在绝大多数时候都会遭到排斥。尽管听力有问题的人被排斥的可能性不大，他们依然更有可能在社会关系、公益活动与基础服务等方面遭到排斥。

11. 经历过多次跌倒的人更可能在社会关系、获取基础服务和物质产品方面遭到排斥。

12. 收入极低的老人在很多方面都会遭到排斥，特别是当这种极低收入与缺少管理财务和商品的手段并存时，以及当他们遭受邻里排斥，并从社会关系中遭到排斥时。

13. 主要收入来源为国家社保的老年人比主要收入来源为私人保险的老年人，受到排斥的风险更高。

14. 现如今，排斥老年人的主要来源是通信设备以及交通工具。没有电话、没有私家车是贫困的标志，这增加了被排斥的可能性，特别是在农村地区。

15. 体育活动能够有效帮助老年人避免社会排斥。⑧

在某些极端情况下，社会排斥可能引起无助，也就是说，个体觉得自己已经失去了对生活（事件、处境和问题）的控制能力，这通常会伴随着失去权能。人们在觉得没有"好机会"的时候就会感到无助，并觉得被迫去选择差的、无保障的可能性。在这些情况下，人们逐渐觉得不论他们怎么做都无济于事。无助是一个信号，标志着无法摆脱当前的窘境，同时也证实一种观念，即当事人没有足够的知识去克服困难，

---

⑧ 基于如下资料而提出：M. Barnes, A. Blom, K. Cox, C. Lessof, A. Walker, *The Social Exclusion of Older People*…, op. cit., pp. 24 – 32。

也没有解决的途径，不知道该如何摆脱这些问题。这种态度会导致放弃或者采取肯定会导致失败的行为。[83]

无助的出现与否，和事实上的无能没有关系，它是之前生活事件和经验（失业、成瘾、越轨、疾病、残障、贫困等）的综合结果：受到"伤害"的程度，之前的调整模式，所采取行动的有效性，当前调整以适应条件需求的方式，以及社会环境中的支持资源的可获得性。个体或群体的无助性可能伴随或因当前法规、机构功能紊乱、全球环境的准则、行动或共同模式（机构性标准化无助）而提升。

边缘化与社会排斥、无助、暴力和虐待，它们都是老年人与环境关系失衡的警示信号。在这些环境中，个体轻易放弃了他们对生活事件的控制（权威和独立性），这可能带来与社区失联的风险，以及孤独、自负，被"推到"习得性无助[84]的过程之中，最后，导致**社会隔离**，即长期被隔绝在社会关系和资源之外，以及缺少与外部世界沟通联系的能力。

起初，对隔离的定义，与混乱和异化的定义相似。P. Townsend (1957) 在这一概念的定义方面取得了突破性的进展，他强调了把**隔离**[从社会关系（外部要素）相剥离的一种**客观状态**]和**孤单**（与导致个体心理失落有关的心理要素的个体**主观状态**）这两个概念相区分的必要性。

现在普遍认为社会隔离是一种过程，体现为个人完整性的丧失以及/或者丧失与其他社会资源的感知链接。[85] 因此，特别容易被隔离的

---

[83] 对习得性无助的定义，和 M. Seligman 所提出的理论关系较为紧密，参考 *Learned Optimism: How to Change Your Mind and Your Life*, Knopf Doubleday Publishing Group, New York 2011; S. Kluczyńska, "Aby chciało się chcieć. Teoria wyuczonejn bezradności" (Care to Care. The Theory of Learned Helplessness), *Niebieska Linia*, 1999, no. 5。

[84] Seligman 认为习得性无助是一种"放弃"的反应，这种反应基于认为"不论你做什么，都于事无补"（M. Seligman, *Learned Optimism*…, op. cit., p. 14）。无助是一种可习得的，在社会/群体中生存的一种方法，这种环境使个体坚信自身、自身所处的社会环境，以及各种组织机构的存在，是机会不平等、歧视，或者其他重要原因导致个人不能解决自身的问题，因此个人需要来自国家或其他组织的支持和帮助。

[85] 同上，pp. 1 – 2.15。

人主要是行动能力欠佳的老人，他们也常常在信息知晓方面存在不足，其社会角色适应面较为狭窄，缺少强有力的家庭或社会支持，但同时他们对自己的形象有很高的期待。

隔离对社会化与调整的过程带来了威胁，也降低了老人的独立性，并成为老人寻求帮助的桎梏。因此，我们必须对当前大量并发与累积性的要素有充分的认识，如果不及时采取干预措施，这些要素会降低老人的调整能力，减少社会关系方面的介入，有时还会导致社会隔离。无须多言，导致隔离的要素并不会对所有老人产生同等的影响。

基于对老年学家研究成果的回顾，我们揣测老年人的社会隔离并非该群体所面临的普遍难题。这一问题被夸大了，即便是对高龄老人，以及社会隔离和早期生命历程之间的关系来说。[86] 因此，把老年人社会隔离问题泛化，高估其影响力，可以维持老年人在当前社会被排斥问题的神秘性。

表4　导致老年人社会隔离的关键性要素

"与社会隔离者"的类型	个人层面	环境层面
生理方面		
老年人的总体水平	总的来说健康状况和能力较差 活力减退，身体耐受性下降 失败感 行动能力严重受损 必须有人帮助才能出门，这加剧了孤独感 大脑损伤——渐进性的认知减退	老年病学家稀缺 医护人员分配不均——在提供适切的长期照护方面存在困难 医护人员几乎没有关注到高龄人群的需求 相比起慢性病，医生更关注急性病 康复/复苏服务网络发展滞后 专业养老机构的长期照护压力加剧 地区差异，经济产品和帮助形式的分布不均

---

[86] 关于该主题的文献述评，可以参考 G. Wenger, R. Davis, S. Shahtah-masebi, A. Scott, "Social Isolation and Loneliness in Old Age: Review and Model Refinement," *Ageinig and Society*, 1996, no. 16, pp. 334 - 335。Atchely 宣称，完全的隐退并不多见，不超过老年人口的10%：R. Atchely, A. Barusch, *Social Forces and Aging*…, op. cit。

续表

"与社会隔离者"的类型	个人层面	环境层面
	也包括如下方面	
女性	普遍有慢性的、与年龄有关的疾病	很少有医生具有老年病医治的资格 很少有男性医生了解女性老人的特有病症
村民	地理隔绝的地方更有可能出现残障问题	健康服务和照护服务的获取受到限制
酗酒者	酗酒导致解决其他生活问题变得很困难 酗酒也阻碍了对其他影响健康的病症的综合诊治	在治疗时可能没有适切的治疗上瘾或者其他问题的手段 医生没有注意到酗酒者父母的酗酒问题 酗酒中断了对病人所提供的支持
患有慢性心理疾病的人	与慢性身体疾病的高相关性	没有具体的风险要素
虐待与暴力的受害者	身体健康状况的恶化导致他人的依赖,也降低了自我照护的可能性	没有具体的风险要素
患有阿尔兹海默症的人	退行性疾病,而治疗效果不得而知	需要对病症和治疗方法做进一步研究
	心理方面	
老年民众的总体情况	心理疾病,随老龄化而出现的慢性疾病 在发展任务方面出现的变化 老龄化的内在社会刻板印象:偏低的自尊 担心衰老且被扔在养老院不管 担心失去对生活的控制 自己的被疏离感 由外部世界的变化所导致的消极感受 性欲逐渐减退 因孤独而导致进取心偏低	增强了对老年的消极刻板印象——特别是对性别角色和老年期是否依然能保留独立性的总体看法 具有老年照护知识的人分配有限或不均衡 有限的老年人服务与照护模式——特别是就最大化潜力和解决慢性疾病而言
	也包括如下方面	
女性	内在的刻板印象限制了其他的可能性 与老龄化有关的心理变化:压力的来源	基于外貌对女性进行评价

续表

"与社会隔离者"的类型	个人层面	环境层面
村民	在尝试把老人从农村迁移到城市的过程中发生冲突 万事不求人的人生哲学使其很难被周围环境接纳 感觉到自己成为家庭、朋友的负担	没有特殊的风险要素
酗酒者	否认喝酒会带来问题 对其他生活问题知之甚少 酗酒——抑郁或孤单的表现	专家在治疗老年酗酒问题方面兴味索然 因为年龄而导致治疗手段有限性
患有慢性心理疾病的人	不成功的治疗 受限制的心理资源 受限制的个人技能 长期持续的心理失调（老年精神病）	在治疗慢性心理疾病方面进展缓慢 专家对诊治患有慢性心理疾病人群不感兴趣
虐待与暴力的受害者	对照护者的恐惧 对自己在家庭中的表现感到羞耻 因当前情况感到抑郁	照护者失望 在家庭生命周期中延续的未解决之问题 长期持续的家庭暴力 照顾者不好意思承认他们需要帮助，并且阻止寻求来自外界的其他帮助
阿尔兹海默症患者	感受认知功能的减退 由"脑死亡"所带来的抑郁	缺少足够的社会支持形式与方法 居住环境的不断恶化 被强制驱离——主要是因为农村城镇化所导致 基于年龄的不同应对方法 沟通问题，以及家庭内缺少理解
社会方面		
老年民众的总体情况	专业角色的丧失 丧偶（感到孤独） 亲戚和/或朋友去世 无子嗣 单身——单独居住 比起年轻人，其受教育程度更差 社会地位低 缺少关于社会资源的知识 成为犯罪行为的受害者	缺少充分的社会支持的形式和获得途径 居住环境恶化 被迫搬迁——主要是因为城镇现代化所导致 因年龄不同而受到不同的对待 沟通存在问题，且家庭内缺少理解

续表

"与社会隔离者"的类型	个人层面	环境层面
	也包括如下方面	
女性	更可能守寡 找到新的生命伴侣或者再婚的可能性减小 搬入老年照护机构或者使用日间照护的可能性提升	女性老年人对性角色的期待降低 社会舆论对女性老人与年轻男性之间的关系说三道四
村民	对来自家庭外的照护接受程度降低 和世界的逐渐疏远,自己被封闭的感觉提升	多样化服务和产品的获取性大幅降低——机构网络和基础设施通常离潜在的村民消费者太远 医院与照护机构太远,降低了亲友看望病人和住院老人的意愿 非正式支持可能无法满足农村地区民众的需求
酗酒者	从社会活动中退出,以掩盖酗酒的问题 在克服上瘾方面所采取的形式和方法不当	缺少老年人酗酒问题的相关意识 对酗酒者的较强的社会标签/制裁 家庭轻视这一问题/感到羞耻或者断绝联系
患有慢性心理疾病的人	家庭和朋友关系的解体 几乎无法解决生活问题 低受教育水平,教育机会受限 被雇佣的机会很小	服务和产品的非合作性条款 社区内的服务与产品短缺 病人"去机构化"所带来的消极影响 对患有心理疾病的人的消极态度 养老机构不欢迎有心理疾病的人——针对"正常人"而言
虐待和暴力的受害者	没有人愿意承担照料老人的职责 对家庭问题的误解	家人雇佣的照护者在处理老年问题方面有失妥当 资源不够,对有依赖性的他人提供的服务不当——照护资源不足 对遭受暴力威胁的老人的法律保护程度不够
阿尔兹海默症患者	行为的变化令社会难以接受 患者无法承担社会角色	对家庭照护者的支持资源不足 家庭照护者几近心力交瘁

续表

"与社会隔离者"的类型	个人层面	环境层面
经济的层面		
老年人的总体情况	低收入或者依靠救济金过活 经济资源不足由此限制/阻止了： ——服务与产品 ——付账单 ——适切的饮食 ——社会交际 ——休闲与交通	保守型的政治环境（家庭与自己的活动占主流） 社会福利与需求不匹配 保障金不平等 限制了人们获得保障金福利 对保障金收税
也包括如下方面		
女性	在老年期由于缺少支持途径从而面临进一步的贫困	歧视性的保障金项目（忽视居家主妇的工作贡献和带孩子的时间） 找到能改善生活的工作很难
村民	获得保障金的途径艰难或者保障金更低	由远离农村地区的"中心"所提供的经济支持，几乎不会考虑到农村地区居民的需求
酗酒者	买酒更进一步降低其经济收入	没有特殊的风险
有慢性心理疾病的人	收入来源和支持方式非常有限	中央资金支持向照护机构倾斜 有限的心理服务
虐待与暴力的受害者	老年人既不能从他们已有的资源中获益，也不能管控它们 缺少可靠的资源	家庭或居家照护所提供的经济支持不足
阿尔兹海默症患者	倾其积蓄寻医问药	家庭照护者的支持不足

资料来源：基于如下文献而提出，E. Rathbone-McCuan, J. Hashimi, *Isolated Elders*. Health and Social Intervention, An Aspen Publication, London 1982; G. Wenger, R. Davis, S. Shahtah-masebi, A. Scott, "Social Isolation and Loneliness in Old Age: Review and Model Refinement," *Ageinig and Society*, 1996, no. 16, pp. 333-358。

因此，在本书之后的章节中，读者们将会发现在个体和环境层面存在的诸多**隔离**。[87] 它们的累积效应和密度可能削弱社会联系，并使老年

---

[87] 隔离是阻碍保留老年人格完整性和社会介入性的形势或事件。同上，p.11。

人难以和他/她所处的环境互动,并最终导致老年人和本地资源关系的断裂/消失(见表4)。

当分析表格中的内容时,有必要留意"与社会隔离"并不仅仅在老年人的生活中出现一次——新的风险要素层出不穷,这一恶性循环不断延续。每一种新的"与社会隔离"所产生的累积性风险效应,以及其密度和影响力的提升,都使得人们所拥有的资源减少,并逐渐导致解决隔离问题的难度加大。

尽管边缘化、排斥和社会隔离并不普遍,也不是老年人所面临的最为严重的问题,但对引起这些现象的要素和条件一无所知,可能导致部分老年人被排斥于社会结构之外,其生活意义不能实现,生活质量下降。

必须承认,老年学研究成果表明,大多数老年人保留了紧密的、富有成效的社会联系。然而,值得一提的是,只有通过采取适当的措施,才能明辨影响老年人社会排斥的要素有哪些、在何时起效、在何种环境下存在、达到何种程度。

因此,在构建老年项目的基础时,与边缘化和排斥有关的现象可能导致老年无助,甚至在某些极端情况下,导致老年人面临社会排斥问题。应当借助多维的视角,对这些现象做如下解读:

——个人生活质量总体水平的影响要素之一;

——实现公民权力的主观与客观方面,并参与公共生活的途径(规范性的观点);

——一种信号,显示了在获取资源、社会与组织支持、群体与公共产品时存在阻碍,这些阻碍会威胁并导致生活质量的降低(基础结构的观点);

——一系列影响并降低个体独立性水平的变量和限制要素(功能的观点)。

老年人社会隔离的消极效应是可以被扭转过来的(通过康复、恢复活力、重建社会联系等手段)。所以,国家、机构、社会组织都应当关注老年人的社会地位，保护老年人的合法权益，抵制对老年人的歧视和疏远行为，防止代际冲突。建设有助于老人整合并参与公共生活的环境，将是一项行之有效的手段。更何况，这是公序良俗的直接体现，而绝非对某一类社会群体予以特殊优待。

第二章
人口老龄化的社会结果
——可能的设想

引　言

> 妈妈，已经过去的没什么好看的，我想看将要发生的东西。
> 　　　　（一位坐在公交车的反向座椅上的小女孩如是说）

毋庸置疑，发展中国家老年人的快速增长，发达国家老年人口持续居高不下，导致世界正面临着前所未有的革命性局面。全球性的人口老龄化预示着在以下各方面将出现严重的、令人担忧的问题。

1. **国家层面**——比如保障金和健康照护方面的开支明显增加，缴纳的保障金费用和获得的保障金额度之间的鸿沟将越来越大，这会导致预算和税收增长之间的失衡，在缩减保障金权益方面面临巨大压力，国防、基础设施、教育、健康保障以及其他对社会生活有显著影响的公共服务开支遭到缩减。因此，很有必要建立起新的政策优先性和新的社会项目，以缓解社会保障金缴纳者和享受者之间的紧张关系。最终，政府当局可能不再为社会保障体系提供国家背书。

2. **经济层面**——比如劳动力市场和消费市场受到限制；劳动力价格和资本成本抬升；雇佣外国劳动者（特别是高质量的外国劳动者）

或者将产业迁到国外；工业产品、不动产、零售业和其他与经济相关的环节供过于求；竞争激烈化；在资本回迁方面所面临的不断增长的压力，这可能因为全球性的金融危机而加剧（特别是在欧盟）。

3. **个体层面**——比如增加个人储蓄以应对风险，解决相关老龄问题；保障金权利和老年特权打折扣（第一步：延迟退休）；如果患上长期疾病并/或者失去生活独立性，就对家庭系统越来越依赖；财产和财富的贬值，保障金水平下降（导致很多社会群体陷入贫困）。

4. **家庭层面**——老年人数量不断增加，而老人的子女年龄也越来越大，由此，家庭内部关系其实越来越表现为老人和老人之间的关系；高龄老人的后代有些已经退休了；不断下降的生育率导致祖父母辈和曾祖父母辈的人数比子孙的人数还要多；家庭结构必须在异质性的原则下进行重构——回到多代户的时代。家庭结构重构为3～4代户（我的孩子、你的孩子，我们的孩子——血缘关系的松弛导致家庭认同感问题）；老年人尝试构建家庭关系，并/或者让子孙搬回家中和老年父母一起居住；生活成本不断提升（税收系统的改变、健康照护的成本转移给民众、税收增加、保险费用增加等）；代际的竞争加剧——在设置家庭目标、任务时所出现的困境；高龄老人不断提升的经济与照顾压力（慢性疾病、严重残疾）；由于照护任务负担不断加重，中断了休闲、社会与文化功能的实现。①

---

① 基于世界银行的预测，以及 K. Dychtwald, *The Path to a Successful Retirement*: *Lessons from the trailblazers*, Healthy Living. AOL Lifestyle, 2011, www.huffingtonpost.com/...dychtwald/the-path-t［accessed：8.02.2012］; *Raport o kapitale intelektualnym Polski*［Report on the Intellectural Capital in Poland］, Zespół Doradców Strategicznych Prezesa Rady Ministrów, Warsaw 2008, www.slideshare.net/Polska2030/raport-o-kapitale-［accessed：12.05.2009］; V. Bengtson, P. Oyama, *Intergenerational Solidarity*: *Strenghten Econnomic and Social Affairs-Division for Social Policy and Development*, New York 2007; K. Dychtwald, D. Kadlec, *The Power Years*: *A User's Guide to the Rest of Your Life*, John Wiley and Sons, New Jersey 2005; P. Baltes, J. Smith, *New Frontiers in the Future of Aging*: *from Successful Aging of the Young Old to the Dilemmas of the Fourth Age*, George Maddox Lecture Series, Duke University, Durham 2002; *Global Aging. The Challenge of the New Millenium*, Watson Wyatt Data Services, New York 2000; K. Dytchwald, *Speculations on the Future of Aging*, INSIDE magazine, 21st Century Publishers, Hawaii 1997; H. Moody, *Four Scenarios for an Aging Society*, Hastings Center Report, Sept-Oct 1994。

人口老龄化的过程不仅会在经济层面产生影响，同时也会在资源的平等获取和资源的分配方面引发道德问题，还包括如何提升正在衰老的老年人的生活质量，以及选择针对老人健康的适切的社会与医疗干预，延缓或者加速死亡的到来。与长期照护有关的公共或者私人领域方面的开支，其持续性、可获得性，以及对残障老人与贫困老人的权利的特殊保护，都引发了道德难题。

因此，现在我们已经知道，大多数社会的人口老龄化所带来的转变，使得经济结构调整，政策特别是社会政策的重新制定具有了突出的重要性。由此，可以肯定在不久的未来，人口老龄化将会在社会生活的各重要方面带来系统性的转变——这种转变的影响是如此的深远，以至于在很多情况下，它将跨越国家、政府和文化的边界。[2]

未来世界有着数量不可预估的老年人，对未来社会的图景进行预判和前瞻，是相当自然也是相当有诱惑力的。1960年代到1970年代的预判（特别是罗马俱乐部的理论）是错误的，不过这也表明，在预判那些会改变当前社会的组成形态的复杂事件时，保持稳健与警醒的态度非常重要。[3] 有鉴于此，当今的预言家都基于一项假设提出他们的观点，他们认为，唯有那些在提出之时，就已经具有初现端倪之态势的预言，方可实现，而这些预言通常是短期或中期的（3~5年）。有大量证据表明，这些预判并不仅仅是假设。相反，社会与人口结构方面所出现的可被观察到的变化，提供了一种经验性的证据，即它们不能和其他社会现象（经济和技术发展、劳动力与金融市场出现的波动等）相割裂，而是产生了尽快重建生产—消费和储蓄—投资模型的需求，并提供系统的、组织层面的解决方案，以服务于前所未有的社会与个体的挑战和需求。

---

[2] 早在1990年代末，肯·戴可沃已经发现人口结构的变化将对社会经济产生影响，在人口年龄结构老化的社会中，如果缺乏深度的功能性和结构性转变，将带来全球地缘政治格局的转变的风险。K. Dychtwald, *Speculations…*, op. cit., p.5.

[3] 人们认为，"过去"其实是一种自圆其说（compromised itself），因此，即便是对未来学最为强烈的批评者也不会承认存在所谓的这种材料，他们认为如果人类的知识是在不断增长的话，我们现在就无法预见到那些只能等到将来才能知道的事情（Karl R. Popper）。

在预判人口老龄化结果的同时,设想比预测更为妥当,因为设想并不进行预估,而就应对风险和不确定性④方面所应采取的措施做陈述性和相关性的描述。与传统的预判不同的是,设想为预测情境/过程的影响提供了可能,它们可以为不同事件提供相关的基础知识,这对做出政策预判和未来决策方面很有帮助。设想可能是线性的(变化的累加),也可能是突发/非连续的(对在准则和过程中出现的突发变化做出反应),但由于系统变化有着不止一种可能性,设想并不会决定未来,而是提供大量可能的未来形态——即使其中有些形态是误判,它们也会成为介入的先决条件,并逐渐改变原有的推断。

因此,要审慎地对未来进行透视,并牢记"今天的最佳选择,明天只能算是勉强还好",我们必须不断进行预测,尽管这种预测可能是很粗糙的。我们必须预估,当有大量的老年人出现时,这个社会将会变成什么样。正如约翰·高尔斯华绥所云:如果你不考虑未来,你就不会拥有未来。⑤

---

④ 当谈到风险时,我们知道它是事件/行动/决定的潜在影响要素,但并不清楚风险有多大的可能性会出现(这也是随机/动态系统的特征之一)。而就未知性而言,我们对影响事件/行动/决策的要素几乎一无所知(这是脆弱结构系统的特征)。详细内容可以参考 J. Spangenberg, *Scenarios and Decision Making*: *Finding Integration Synergies*, *Avoiding Risks*, Presentation at the SEIT anniversary, Tallinn, Estonia, 8 November 2007。

⑤ 基于 2000~2011 年的统计数据进行的预测, P. Henry, *Active Ageing and Intergenerational Solidarity*: *Findings*, *Issue and Perspectives*, Institute for Quality of Daily Life SODEXO, 2011; *Paying for the Past*, *Providing for the Future*: *Intergenerational Solidarity*, OECD Ministerial Meeting on Social Policy, Paris 2 – 3 May 2011, Session 3, www. oecd. org/social/ministerial [accessed: 26.06.2011]; O. Kapella, A. – C. de Liedekerke, L. Spence, H. Radunovich, *Developing intergenerational relationships*, University of Florida, Florida 2010; Future Scenarios, Brussels, Family Platform, http://www.familyplatform.edu; S. Harper, *Generations and Life Course*: *The Impact of Demographic Challenges on Education* 2010 – 2050, Institute of Aging, Oxford 2008; A. Stuckelberg, A. Vikat (eds.), *A Society for All Ages. Challenges and Opportunities*, United Nations Economic Commission for Europe, New York-Geneva 2008; S. Steyaert, S. eggermont, H. Vandebosch, *Towards the Desired Future of the Elderly and Information and Communications Technology* (*ICT*): *Policy Recommendations Based on a Dialogue with Senior Citizens*, Second International Seville Seminar on Future-oriented Technology Analysis: Impact of FTA Approaches on Policy and Decision-making-Seville 28 – 29 September 2006; *Future Ageing. Inquiry into Long-term Strategies to Address the Ageing of the Australian Population over the Next 40 Years*, The House of Representatives Standing Committeee on Health and (转下页注)

一 适度乐观的设想：存在代际
利益竞争的社会

未来几十年，人口老龄化所导致的过程与现象，可能使老人政治再度觉醒，[6]并由此导致社会系统和家庭结构与功能的鲜明的转型。由此，年龄可能获得/保留影响力，获取权力、资源，强化自身，以及通过先赋地位（人们在特定年龄所处的地位）来获得对资源的基本控制。国家权力机关在面对人口结构改变所带来的问题时，采取的不作为或被动应对的态度，加之在应对经济新形势时不求改变的态度，使得这一问题愈发严重。部分希望维持现状（经济利益）的群体拥护这种设想：富有的退休者、在官场或企业中身居高位的老人等。[7]

在年龄科层制极为严重的社会中，与基于权力、地位、所有权的社会阶层和地位分层方式相似，分层模式具有如下特征。

1. 年龄分层跨越了性别结构、社会分层，以及其他社会群体分类等多个层面（代际矛盾加剧的风险提升）。

2. 在不同的年龄层或者同期群之中，出现的收入、地位、权力、社会动力、阶层联系和阶层意识方面的不同点，导致出现代际不平等：

（接上页注⑤）Ageing, Canberra 2005; A. Kalache, S. Barreto, I. Keller, "Global Aging. The Demographic Revolution in All Cultures and Societies," in M. L. Johnson (ed.) *The Cambridge Handbook of Age and Aging*, Cambridge University Press, Cambridge-New York-Melbourne-Madrid-Cape Town-Singapore-Sao Paulo 2005, pp. 30–46. I. Sohail, "Ageing: Alternative Futures and Policy Choices," *Foresight*, 2003, no. 5–6, pp. 8–17; 其他参考文献将在第三章提及。

[6] 接近退休年龄的同期群（婴儿潮世代），以及1990年代以来的雅皮士一族，与他们所建构的经济和政治体系紧紧捆绑在一起，强大的影响力使他们不会轻易放弃他们曾取得的权力。

[7] 上述的各种设想都经过了热烈的讨论，当然也有一些消极观点，比如：老化大地震（senile earthquake）、老化大海啸（geriatric tsunami）、老年病珍珠港危机（geriatric Pearl Harbour）、"老罗纪"公园（Gerrasic Park）等，参考 P. Peterson, Gray Dawn: *How the Coming Age Wave will Transform America-And the World*, Times Books-Random House, New York 1999; P. Wallace, *Agequake: Riding the Demographic Rollercoaster Shaking Business, Finance and Our World*, Nicholas Brealey Publishing, Boston-London, 2001。

——年龄被视为进入/退出社会高层的标准；

——每个年龄层的群体都变得"为自己而活"，对话和理解变得愈来愈困难；

——年轻人要求在经济和政治权力结构方面实现更快的世代更迭；

——每个群体/同期群都认为自己受到了其他人的歧视；

——代际不平等所导致的冲突蔓延到家庭层面。

3. 小型的核心家庭正在弱化——没有其他替代性的框架来接管其功能。

4. 老龄化被认为是一种重要的社会—经济问题——老年人被给予了过多的利益和优先权，这一问题正愈来愈严重。对国家和社会资源分配均等化的公众期望有增无减。

——老年人不断增长的经济需求和成本正越来越难以满足——儿童和青少年的需求则没有得到重视。

——对于因老年人照护和保障金成本提升而导致的税收增加，越来越多的年轻人表示不满和抵制。

5. 重新检视年龄在代际不平等中的作用的企图，"强化"（stiffen）了老年人的观点和行为，并使新生代变得更加极端。

6. 经济障碍和社会支持被削弱，加速了老年人被排斥和边缘化——老年人（特别是高龄老人）在获取基础设施资源和参与社区及社会主流生活时，遇到困难。

7. 老龄化充满艰辛，特别是对居住条件很差以及/或者长期接受居家服务的人而言。

8. 获取资源和信息的途径是不平等的，特别是对技术资源而言。这对老年人影响尤为深远，他们的需求/问题未能得到充分考虑。

代际对话的削弱/缺失，政府既不提供帮助，也不把解决代际争端的方案纳入议事日程，这导致年轻人群体中弥漫着挫败情绪，并致使老年群体深受三大问题之苦：

——孤独——当我们迫切需要长期陪伴但又缺少它时，就会产生这种痛苦；

——无助——当我们需要帮助,但却没有获得时,就会产生这种痛苦;

——无聊——当我们的生活缺乏自发性与多样性时,就会产生这种痛苦。⑧

在不久的将来,人口、经济与社会变化将可能带来文化的再定位:从现如今的青年崇拜转向重视生命智慧和经验,这也是高龄人群的主要特征。而更为均衡的代际关系,将取决于社会对话的深度和本质,以及国家权力机关在提高生产率和增加青年工作岗位方面的动力。

68~69

二 近乎技术乌托邦的设想:虚拟世界中的世代: 数码公民——网络中的老年人

这个痴迷于发明新技术(包括信息与通信技术)的世界,在拥有以知识为基础的经济和创新性服务的基础上,预示了未来十几年中⑨信息社会的到来。在信息社会中,技术的发展将具有至高的重要性,而知识和信息(个人教育、终身学习)将起到关键性的作用,这将共同导致前所未有的可能性,并推动工作、生产和娱乐方面的专业化。在这个社会中,文化将会完全成为虚拟现实,而真实世界大部分由媒介所构成。由此,社会的去中心化和去机构化程度将会不断提升,本地社区将会复兴,而社会生活也将变得更加丰富多彩。

由此,未来社会将会更多地由高科技所构成,但同时也包含了由技

---

⑧ Marek Koterski 的电影堪称经典范例:*Dzień świra* [Day of the Wacko],2002。

⑨ 参考脚注①和⑤,以及 T. Goban-Klas, P. Sienkiewicz, *Społeczeństwo informacyjne: Szanse, zagrożenia, wyzwania* [The Information Society-Opportunities, Threats, Challenges], Wydawnictwo Fundacji Postępu Telekonunikacji, Cracow 1999;K. Kędziora-Kornatowska, k A. Grzanka-Tykwińska, "*Osoby starsze w społeczeństwie informacyjnym*" [The Elderly in the information Society], *Gerontologia Polska*, 2011, no. 19 (2), pp. 107–111。

术革新所带来的失常的风险。⑩

（一）与信息数字革命有关的现象和过程

在未来，学术知识的边界有望得到拓展，发明和发现的数量有望增加，科学研究（特别是精密科学）的效率和技术过程有望进步。而且，对教育水平和基于自动化的高效服务的期待会不断提升。工作的智能化将会降低体力劳动的效果，这主要是因为生产率的提升降低/消除了雇佣移民者的必要性。

技术专家将保有权力，会出现新技术和方法来帮助获得专业经验和生活体验。现行的利益和社会框架（特别是代际的）将会改变。技术会改变经济并带来社会革新，大量经费将用于基因和人工智能的整合性科学研究。对"数码灵魂"的期待将会提升，老龄化的生理范畴将因个人需求而被"修正"。

身处各年龄层的正在老化的人群，将步入一个不断发展的虚拟世界。因此，我们针对不同的设想，对其分类详述如下。

1. 熟悉高新技术和相关产品的老年人——他们带着壮年时已获取的知识步入老年。该群体能够较快地适应新挑战，与社会生活的各个重要方面都有交集，而且当其他人被"数码鸿沟"所困时，他们不会受到歧视。因此，在这一设想下，代际的差异是很小的。

2. 在生命的第三/第四阶段才经历技术和数码革新的老年人。尽管他们数量不少，但却容易被边缘化，遭受社会排斥，并因新事物层出不穷而感到灰心丧气。信息社会的领导者将会进一步强化当前的青少年主义（juvenilism），掌握了新能力的年轻人在管理方面"辅佐"老年人

---

⑩ 在涂尔干看来，在社会从机械团结到有机团结的改变尚未完成的基础上，社会分工的发展快于分工所要求的道德基础，便造成了失范问题。这会导致无用感、徒劳感、失去目标，以及情感空虚和绝望。而莫顿则认为失范是因为文化所规定的目标，与达到目标所采用的制度化的合法手段之间存在分离。饱受失范困扰的个体可能希望达成某种社会目标，但却不能在当前准则下通过合法手段来实现。在本书中，对失范的定义，主要是指社会解决方式的不稳定性，因当前世界改变而导致的空虚和无助问题，这也导致当前的准则/原则失去其重要性（失去"道德指南针"）。

（如果不是取而代之的话），这也使得老年人觉得被他人控制。结果导致代际的鸿沟愈来愈大。

3. 反对高新科技的社会抵抗力量控制了每天的生活，推崇科技进步看起来似乎并不是必要的。老年人将首批挺身而出，要求恢复传统的、代际的直接联系。对已经不堪重负的信息社会来说，在极端的情况下，婴儿潮群体或者嬉皮士群体将是海量信息社会最有活力的竞争者，正如他们曾经为后人开辟了一条开放、民主的大道。[11]

4. 健康状况良好、经济收入理想、拥有能够获取舒适生活和较高生活质量的老人，与生活困难、有健康问题、能力有限、不能适应新技术、不能从信息社会中获益的老人，这两大群体之间的鸿沟越来越大。而这一问题可能不会像老年人与年轻人之间的差别，以及老年人群体内的差别那样明显。

对老人而言，第一种设想是最受青睐的，不过该设想太理想、太乌托邦化了。当涉及老年人与新的信息沟通技术（Information and Communication Technology, ICT）的社会时，第二种设想看起来是最不受欢迎的。第三种设想看起来老年人会比较喜欢，但它并没有排除信息沟通技术进一步发展的可能性。第四种看起来要到2020年才能实现。[12]

人一出生，就可以预测其生活变化和生命轨迹（死亡、发病、残疾预测等），有如下原因可供解释。

1. 专业医护知识的不断增长（能够获取在线数据库和知识，在线诊疗），医学诊断准确度提升，医护服务的总体效率提升。

2. 知识社会能够预测健康危机，并有效地消除这些危机：纳米技术、器官培养、脑部手术、对影响身体衰老的要素的研究、整形外科与

---

[11] 2012年，关于ACTA的冲突的爆发，标示着不断增长的匿名网络社会对现实社会所造成的冲击，由此造成代际障碍的崩溃。（ACTA即Anti-Counterfeiting Trade Agreement，反仿冒贸易协定，该协定旨在保护知识产权，打击仿冒、盗版等侵权活动。2012年1月，波兰首都华沙爆发了大规模的反ACTA示威游行，示威者声称ACTA是对互联网自由与共享精神的亵渎。——译者注）

[12] 该部分设想是基于S. Steyaert, S. Eggermont, H. Vandebosch, *Towards the Desired Future*…, op. cit. 所提出。

基因治疗带来了更多希望。

3. 基于信息沟通的诊断技术和专家系统的发展，医疗与疾病数据库的扩充，"远程治疗"的发展，多媒体系统（虚拟现实）与医疗辅助（比如手术）的结合能够让人们活到 120~140 岁。

4. 在未来，国内与国际的健康中心（诊所）之间，可实现超越时空的直接信息互通。通过信息沟通技术网络，病人足不出户就能得到"远程治疗"和医嘱，这将有助于抵抗大多数的健康威胁，并有助于对紧急情况做出快速反应。这将提升社会整体的健康状况，并进一步延长人的预期寿命。

考虑到在老龄相关生物医学研究方面所可能取得的成功，未来退休的人有望在健康方获得提升，并扭转健康消极趋势。比如，这些期待包括如下方面。

1. 在疾病的基因要素方面取得显著进展，这意味着可以在症状发生前提早采取诊断，预防和治疗措施。

2. 原本高昂的治疗手段的成本和风险显著下降，使更多的患者能够获取此类服务。（例如我们可以使用更为廉价以及刺激性更低的方法来去除动脉中的脂肪沉积，而不是采用现行心脏病手术中所使用的昂贵的搭桥手术。）

3. 激光治疗法的优化将会提升移除肿瘤的效果。

4. 微处理器技术的广泛应用，将能够重建躯体功能以弥补或重建失去的能力。

5. 诊断技术的发展与提升，所带来的对阿尔兹海默病和其他老年智力障碍病症的预防和治疗优化，能够显著减少对长期照护的需求。[13]

6. 促进和管理免疫学方面所取得的巨大进步（比如降低对肺炎的易感性），以及内分泌系统（优化心理控制机制，比如情绪控制）、神经传导、延迟记忆改变、保持当前处理信息的速度，将能够显著地提升

---

[13] 阿尔兹海默症会导致全面的残障，据估算，对 65 岁以上的老人来说，5% 的老人可能会罹患该病症；对 80 岁以上的老人来说，这一数值可能达到 20%。

老年人的生活质量。

7. 因为心血管疾病和癌症发生率降低，患病与残障水平将会下降，而人类生命将延长3～5年。控制艾滋病的传播，对未来的老年人而言也会尤其重要。

随着健康促进准则，特别是对致命疾病的关注与例行检查的推广和应用，老年期残疾率将会下降，这给了我们希望。

在发达的信息社会中，国家将会认识到民众的需求并正确分配相关资源。不过，为了确保成功，这类项目不仅需要与技术发展同步，还必须引入社会创新，以及在技术进步和社会文化系统上建立均衡发展的社会体系。⑭

（二） 社会反常阴影下的现象与过程

高新技术的引入所可能导致的变化，不会与文化和社会变化同步出现。文化同质性将会提升而大众文化的主导性将会增强。

能否获取到由高新技术所带来的产品与服务，将成为分水岭，科技准则将成为区分年轻人和老年人的基本原则：老年人会失去适应新环境和挑战的能力。

技术和文化的代差，以及技术壁垒将会带来社会冲突，这种冲突的诱因，主要是个体感受到不断提升的电子控制，并觉得个人自由受到约束。

获取知识、高新技术和健康服务的差异性，将成为导致社会不平等和代际冲突的缘由之一。

在技术化的世界（自动化与机器人环境的发展）中感到被疏离，可能使产生社会冲突的风险提升。

在闲暇时间娱乐活动的被动化（坐在电脑前），锻炼活动逐渐减少

---

⑭ 社会进步包括社会改良和新形式的目标达成，比如：新的组织形式、新规章制度、新生活方式，以更有效地解决社会问题。它们不仅包括经济形式的好转，也包括生活质量的提高。

（生活方式），威胁到体育文化的存续，由此会导致大众体质健康水平的下降。基于信息沟通网络技术的娱乐方式，最终会导致"富贵病"的出现。而在危机爆发时所采取的应对措施，又会太过于依赖信息系统（信息沟通技术、控制与管理系统等）。

就业率将会大幅滑坡，特别是对蓝领一族而言——而与信息技术有关，涉及贸易、电信的工作岗位以及工作岗位自身都会增加（结果是：工作乏味，社交生活倦怠与紊乱的风险增加）。

新技术的应用导致医患关系的工具化倾向非常严重，而技术的拓展将会导致面对面交流的减少，并可能带来健康照护中的人性化要素的减少。

有较少的或计划生育的子女的核心家庭，只是各种家庭形式中的一种。男女之间有着多种非正式的联系，但由非公共部门所提供的社会支持相当少。

需要年轻人——由于劳动力市场的年龄断层问题严重，年轻人就是"宝藏"。年轻人可能成为受嫉妒的对象，而信息沟通技术也会阻碍老年人在数字化社会中，实现其社会功能与社会参与。

综上所述，我们可以断言未来社会必须正视技术的改变，并直面因人口年龄结构的改变而导致混乱的风险。换句话说，各种期望——数字化公民的意见、创新性的项目、对衰老和死亡的恐惧——将共同决定本书所讨论的方案。借助政治和民间机制来支持技术革命，创造在虚拟空间和现实生活中的公共场域，可有助于降低技术革命的风险，发挥其正面效应。⑮

三　社会工程学的控制性设想：老龄化及相关问题的工具性与官僚式的管理

该设想认为老年社会项目主要和市场营销及公共关系有关——老年

---

⑮　参考 I. Sohail, *Ageing: Alternative…*, op. cit., pp. 13 – 17。

人被认为主要是一种政治改选的工具。

对人口老龄化与人口老龄化危机的恐惧，转变为政治目标。比如，改变退休年龄，对退休金系统和老年社会保障进行改革等。

不断增长的老年人的实际需求，以及权力精英们的政治权力，推动了服务系统和其他为使老人长寿的经济的发展。新的利益群体不断涌现，并把其关注点放在规划老年群体需求、通过各种途径满足需求、监督老年人的社会状态、管理长期照护以及评估部门政策（老年人的需求——撬动发展的杠杆）等方面。

主流政党派别在解决老龄化和老年人问题方面的策略与思路各有不同：纯粹依靠市场机制，或者把责任推给政府（在这两种情况下，干预策略都颇为流行）。结果，在不断增长的老年群体的需求和社会期待的压力之下，老龄政策变得具有刚性。

人口危机解释了政策和决策的转型与中央集权化的必要性——国家政策和管理部门的开支主要用以处理老年人问题，且这一数值正在不断提升。该设想的变量之一，可能就是技术进步和强政府模型的结合（国家干预）。

国家干预的力量越弱，则公共领域中的其他要素干预社会政策的可能性也就越大。当因受国家干预而导致技术进步水平较低时，社会政策的导向性主要和各年龄人群的公正与生活质量的提升/维持有关（老年人也会受益）。在最坏的情况下——技术发展的水平很低，以及国家干预受到限制——民众必须从非公共领域寻求老年人问题的解决对策：非正式/私有部门（家庭、社交圈子），或者是第三方部门。市场的力量在代际设置了障碍，而保险金系统垮塌的风险正在提升。

由中央提供经费支持的老年项目，可以有效应对/缓解全球人口老龄化所造成的影响。比如在医疗服务私有化程度不断提升的今天，保护老年人在医疗照护方面的权利；通过鼓励生育的政策来优化人口形势（为有子嗣的女性，特别是养育很多孩子的母亲提供社会福利）；支持由国家、高校和其他研究机构所开展的关于老年人地位和功能的科学研究，等等。

核心家庭是一种颇受青睐的组织结构，而国家干预正在弱化其任务和功能，结果导致对国家政府的依赖性逐渐提升。

老年社会政策正逐渐成为一种必需品而不是备选项。不过，官僚群体会使政策、目标、结构和工具具有很强的弹性，以致这种干预将会使对实践的期待黯然失色，而大多数与老年人有关的社会项目将会被社会福利机构（反应性政策）所取代。

权威是合法的，但并不是永恒的。因此，上文所探讨的设想实现的潜在可能性，深植于政治精英的轮替以及保障老年人在公开辩论和政策制定过程的参与权之中。

四 乐观的——令人心动的设想：不分年龄人人共享的社会——老年人是系统振兴的资源

老龄化的效应，对老年人，进入生命后期的人群，以及准老年人而言都同样重要。我们必须直面国家层面和社区内的代际关系的转型与重构。它要求对老年人及其社会环境的社会角色与发展任务重新进行定义。维持代际和谐的策略颇受期待，而且这些策略也被认为是避免因社会资源稀缺而带来的代际关系紧张的有效途径。

代际的聚居现象将会与日俱增，同辈和代际的收入、照护与支持转移将更加频繁。维护代际的团结一致和代际公正将成为政策的焦点，并影响到社会的新价值准则。

当人们开始留心寿命时，他们的生命历程就会发生职业和个人生活的变化。个人必须对他们的个人生活进行反思，并追问自己该如何把教育和工作相结合。

劳动力市场将面临技术短缺和老年劳动力数量上升的问题，它将不得不有针对性地培训并雇佣老年工作者。新世代的劳动者期待并要求弹性的工作制度。家，更有可能发展成为工作、教育和健康照护的处所。[16]

---

[16] S. Harper, *Generations and Life Course*…, op. cit., pp. 4-6.

老龄化社会要求教育资源在年轻人和老年人群体之间流动,即便成本主要由青年来承担。教育形式主要体现为,正式的分组教育(与学院和大学的早期教育类似)、借助信息和媒体技术的自我督促学习、社区教育、职场教育和技能培训的结合体。我们有必要重新定义资格这一概念,通过教育细分以促进个人发展、增强职场竞争力与职业发展、提高技能、衡量做出社会贡献等做法有可能会消失。终身性教育可能由个人、社区、雇主、政府和私有企业所共同支持。

由此,2020~2050年的教育将是整合了以下各方面的综合体:

——正式教育,

——作为生活方式的教育,

——能优化雇佣状况的教育,

——使全身心参与公共生活成为可能(公民身份)的教育。

社会中将出现新的社会群体——受过良好教育的人,接受了新的社会结构和工作的人,以及那些不具备知识、技能和能力来面对新的挑战和整合机制的人;基于这些群体差别将形成新的社会阶层。面向移民的教育责任也会提升,特别是来自不同文化的人群,可能对教育内涵有着不同的期待。

在不久的将来,教育将会在如下多方面起到关键作用:

——新移民的补充、到来与整合,

——提升外国人的雇佣可行性,

——资质的认同与提升,

——文化与社会调整,

——社会整合与和谐。

家庭作为老年支持性的环境,很难预测它将如何改变。最有可能的情况是,被照护者需要二三名甚至四名家庭成员的帮助。

消费也可能改变并因代际而有所差异(银龄经济),随着年龄分类而变化(目标群体的异质性)。可供支配的收入在不断提升的娱乐、教育、出行、健康照护和其他需求之间均匀分配。因此,基础设施与服务(住房、交通、教育、娱乐、旅游和医护)必须与老年人的需求和能力的不断提升相适应。[17]

全世界的专家们都关注一个问题，即随着世界上老年人数量的不断增长，代际关系将需要：

——认同老年人是一种重要的社会资源，

——运用科学知识以克服老龄化的神秘感与刻板印象，

——使老年人在发展过程中的积极参与成为可能（包括允许老人自主决定何时离开劳动力市场），

——为老年人提供与老龄健康以及预防老龄化有关的适切的照护与支持，[18]

——为终身性学习和技能提升提供条件，

——促进代际的团结一致。

在 1999 年由联合国特别议程及组织成员国[19]所发布的《不分年龄人人共享的社会》报告中，描绘了因社会结构和组织的变化而可能带来的一系列挑战。这一报告向公众展示了全体成员友好型的社会模型和功能形式。基于老年研究结果，作者认为健康与活跃的老年人的潜力是不可估量的。老年人越活跃，则他们对社会和其他群体的贡献越高。政策制定者们应当意识到，活跃、健康的老龄化，是推进社会发展机遇的核心要素。不仅如此，老年人不应被认为是一种问题，而应当被认为是一种资源，这种资源会有助于提升解决其他社会问题的可能性（比如，

---

[17] 同上，pp. 5 – 10。

[18] 参考 Z. Woźniak, "Profilaktyka starzenia się i starości-mrzonka czy konieczność?" [Ageing Prevention: Fantasy or Necessity?], *Ruch Prawniczy, Ekonomiczny I Socjologiczny*, 2011, no. 1, pp. 231 – 254。

[19] *Toward a Europe for All Ages*. Promoting Prosperity and Integenerational Solidarity, Commission of the European Communities, Brussels 1999, COM 221 final; "3 Steps Toward a Society for All Ages," in *Preparation for 1999 – Toward a New Society for All Ages*. United Nations, www. un. org/esa/socdev/iyop/iyoppre3. htm [accessed: 5. 09. 2003]; Ch. Nusberg, *Strategies for a Society for All Ages*, American Association of Retired Persons, Washingtong, D. C. 1998; *Toward a Europe for All Ages*, Age Staterment for the European Year of Equal Opportunities for All, The European Older People's Platform, Brussel 2007; *Towards a Society for All Ages*, www. osc. govt. nz/positive-ageing-strategy/publication/towards-a-society. html) [accessed: 23. 05. 2008]; A. Stuckelberg, A. Vikat (eds.), *A Society for All Ages*…, op. cit.

在面向老年人的服务行业出现新的工作岗位，以满足作为消费者群体的老年人不断增长的照护需求）。

在国际组织和欧洲框架下所提出的，针对活跃和健康老龄化的全球性策略，主要包括如下内容：

——针对老年人的社会政策；

——主张重视老人的需求、问题和争论；

——教育和培训方案；

——宣传老龄化知识；

——开展老年学研究，并公布发现；

——扩充国际老年学研究的成果库。

因此，乐观的设想应基于如下几方面的假设。

1. 人口老龄化不仅带来了老年人数量的增长，同时也使人们能够活得更久，在大多数情况下增强了活跃性和健康性。不仅如此，积累了丰富经验、知识和技能的老年人，成为社会记忆和智慧的储藏库；终身性教育提供了将这种宝藏在全社会内传播的可能性。[20]

2. 老龄化不会仅仅被认为是一种劳民伤财的负担——在未来，老年人将不再被认为是社会要面对的突出问题，而被认为是一种资源：社会与文化复苏的资源。

3. 不分年龄人人共享的社会将使其结构、功能、政策和计划向全体公民的能力和需求倾斜。由此，它会为每个人的福祉而激发每个人的潜能（部门政策的关键角色是：劳动力市场、健康照护、住房、为积极老龄化和有产出的老龄化提供个人与社会保障）。

4. 应用一项原则，即老年人可以自由地选择他们的生活方式，在熟悉的环境中独立生活，把预防性照护和服务覆盖到家中。这一原则将会有助于保持稳固的经济和健康状况，并延迟独立性和自主性的丧失。

5. 了解并接受年龄的差异，能够为老年人回归正常的社会地位提供机会（降低/消灭社会生活中的年龄歧视）。

---

[20] S. Harper, *Generations and Life Course*…op. cit., p.11.

6. 基于互惠和平等原则，而为所有人的福祉激发其潜能，使自我投资与分享如下投资成果成为可能：

——储蓄和收入的提高，为老年期生活的多样化提供了机会（即将或已经退休的人将获得弹性的雇佣机会，**银色经济**的重要性提升，老年人成为消费市场的重要组成部分——把达成特定的，传统的生活目标的压力转介到内在价值方面）；

——来自不同方面的，公众的、非政府的和个体的资源的传递，也包括国际资源的交流，将有助于从更为平衡的角度满足老年人的需求，并构建非竞争性的代际关系；

——政府层面的对技术发展和应用的支持，会推动代际的整合，并避免针对老年人的技术与数码排斥；

——对老龄化与老年研究的政府层面的支持——包括体质健康与体态健康（health and fitness）问题，社会发展或者生活质量问题——这将有助于明辨老年人的异质性特征，并在理性的基础上推出老年项目；

——推动与应用预防老龄化[21]的相关项目，建设老年病照护[22]的整体性系统，以提升基于生活质量的老年人健康状况；

——为服务和帮助老人的公共项目提供支持（特别是拓展老年志愿者服务方面的资源）；

——为老年人提供安全和公众服务等内容，开展反对老年人社会歧视和社会排斥的相关项目（特别是对孤独和残障老人而言）。

7. 婚姻模式的改变（非正式的关系、伴侣关系、离婚与再婚数量

---

[21] 这一问题能决定人们长寿的可能性以及可能处于的社会地位，但却被政客和经济学家，以及一些医生所完全忽视了。参考 Z. Woźniak, "Profilaktyka starzenia się starości…"［Ageing Prevention…］, op. cit. 本书将在之后的内容中对这一问题做详细阐述。

[22] 在 2005 年，波兰提升了老年病照护的标准，不过，这些标准总体上还是停留在理论层面：J. Derejczyk, T. Grodzicki, A. Jakrzewska-Sawińska, A. Jóźwiak, A. Klich, K. Wieczorowska-Tobis, Z. Woźniak, "Standardy śiadczenia usług medycznych w specjalności geriatria"［Service Standard in Geriatric Medicine］, *Gerontologia Polska*, 2005, vol. 13, no. 2, pp. 67–83.

的提升、对 LGBT 关系的接纳、单亲家庭的增长,以及独身[23]的老年人将会导致独居的老人数量越来越多)。

8. 对美丽和永远年轻等结构失调的刻板印象提出质疑,并/或者认为老年人是唯一有着丰富经验且睿智的群体:

——老年人和年轻人互相学习,了解认识对方;

——年轻人邀请老年人作为他们的导师——老年人就是承载了文化模式、价值、生活经验(当我像你这么大的时候,我已经……不久后,你会……)的群体;

9. 为老人提供照护的家庭/社会成员等,应当在文化和社会层面对其予以高度赞扬,同时为其提供经济支持(为照护者提供支持,使其有尊严)。

10. 原则的内化:从"每日的生活中获得满足";从"想当年"这样的老生常谈中走出来,向"活在当下"[24]转变。这将是一项非常重要的教育任务。

11. 在接下来的几十年中,相比当今的老人,不断增长的老年人将会更加健康、接受过更高层次的教育、活动能力更强,且在经济方面更具有保障,这将会挑战诸多业已形成的针对老年人的刻板印象,并帮助创造出对老年人的接纳性态度,同时减少对老年人的歧视。[25]

---

[23] 该理论是基于单身一族——媒体所提出的这个概念而建构,同时也被一些社会学家所接受——在某些情况下被视为通过建立长期联系以应对孤单寂寞问题。因各种生活事件而导致独居的人(也包括自我选择单身的人),常常是社会结构中的少数派。当前对单身的解读,却包括了采取不婚主义的人群。或者,我们可以称其为享乐主义和消费主义的"孤儿,以及/或者养子",他们注重生活乐趣,社会关系通常是非正式的或者短期的,对他人的责任心不强。当他们逐渐变老时,会经历孤单的苦涩。如果这一群体不断扩大,将可能会引发文明的倒退和文化的断代。不过,随着全球化进程的不断推进,单身者将很快被强大的家庭文化以及更为强大的共同责任观所压制。

[24] 路易斯·阿姆斯特朗言简意赅地指出:你现在所处的年龄就是最好的。

[25] 2001 年,本书作者写了一本关于代际内关系的书,题为:"Present Situation and Future Prospects of Social Policy Aimed at Senior Citizens Against the Background of the Globalization of Ageing," in M. Ziółkowski (ed.), *Ludzie przełomu tysiąclecia a cywilizacja przyszłości* [The People of the Turn of the Millennium vs. the Civilisation of the Future], Wydawnictwo Fundacji Humaniora, Poznan 2001, pp. 169 – 197;同上,"Globalizacja problemów zdrowotnych i starzenia się a rodzina" [Globalisation of Health and Ageing Problem and the Family],(转下页注)

12. 未来的老年人将会在公共领域表现活跃（这一行为相反会影响到家庭生活的满意度）。他们也会被认为是投票者的重要来源。老年人所处的社会地位将会导致代际距离的消弭，也意味着不同年龄层之间关系的真正缓和。

19 世纪是儿童概念"出现"且问题显著化的时代，而 20 世纪则主要关注老年人口，下个十年人们的注意力将集中在寻求个体和合作性资源方面，这主要是因为儿童和老年人（特别是残障的儿童和老年人）将能够充分发挥其独立性（正常化），并根据其潜力发挥其效能。由此可以推断未来的世代将必须面对代际关系的转型和重构，因此在全世界内得到推广的代际整合应该注重如下多方面的内容：

——情感和地域层面的紧密度（交流的机会提升），

——想法、准则和价值观，情感、物品、服务和支持的互相交换（工具性和情感性支持），

——不同代际的纽带，

——晚辈对长辈应尽的义务。

代际项目是推进老年人和青年人之间资源交换和互相理解的有效且不间断的媒介，这对个体和社区而言均大有裨益。这些项目将会：

——［…］展现参与者的共同利益；

——［…］为年轻人和老年人建立新的社会角色和/或者新的视角；

——［…］能包括多个世代，并至少包含两个不相连的，或者无家庭关系的世代；

——［…］促进年轻人和老年人之间的互相理解，构建代际的尊重；

——［…］针对关乎［发展］代际关系的群体，提出相应的社

（接上页注㉕）in Z. tyszka （ed.）, *Współczesne rodziny polskie. Ich stan I kierunek przemian* [Contemporary Polish families. Their Condition and Direction of Change], Wydawnictwo Naukowe UAM, Poznan 2001, pp. 281 – 408.

建议和政策。[26]

不分年龄人人共享的社会的关键是强大的社会结构，特别是和谐与强大的社区，以及以核心家庭为主，由分散的扩展家庭和其他亲属所提供支持的体系。

老年友好型社区的理念[27]是**积极老龄化**[28]。积极老龄化建立在身体、技术和社会结构之上，能够使老年人具备活跃的公民身份（老年人从事志愿服务或者针对老年人的志愿服务），建立起超越年龄界限的联盟与协议，通过居家照护满足老年人的生命需求（维持独立性和自主性），并且尽可能降低残疾老人移居到养老院中的必要性。

要成功实现这种设想，就必须找到解决社会保障问题的途径，以保障当前老年人生活质量和缴纳保险费以供未来养老之用的工作族将来需求之间的平衡。

在这样的社会之中，我们无须恐惧衰老，**年轻人也无须为其未来而感到担忧**。[29]

※ ※ ※

毋庸置疑，未来的解决方案将是融合了以上各种设想以及各种未知内容的结合体。某些要素肯定会在未来的政策和方案中得以体现。特别是对最后一种设想而言，它将有可能成为信息化社会的发展目标，这种社会的管理层能够建立起合法的、组织性的框架（立法与资源再分配），以支持所有类型的公民/群体/社区都能获得平等的对待，并获得

---

[26] 参考 A. Hatton-Yeo, T. Ohsako, *Intergenerational Programmes: Public Policy and Research Implications an International Perspective*, The UNESCO Institute for Education, The Beth Johnson Foundation, Hamburg 2000。

[27] 许多国家已经在采取各种创新性手段以解决该问题或正在解决中（以美国为例，从几十种到几百种）——比如，AdvantAge Initiative, Communities for All Ages, WHO Aging-Friendly Cities, AARP Livable Communities Initiative, "Building Healthy Communities for Active Aging," Community Partnerships for Older Adults. A. Scharlach, "Creating Aging-Friendly Communities in the United States," Ageing International, 2012, no. 37, p. 30 and next。

[28] 参考 R. C. Atchely, "A continuity theory of normal aging," *Gerontologist*, 1989, no. 29, pp. 183–190; J. Rowe, R. Kahn, *Successful Aging*, Random House, New York 1999。

[29] S. Harper, "Don't Panic, we have nothing to fear from an ageing society," *Times* (online), 26.08.2008。

平等的发展，为每个人提供接触社会主流生活的途径。

从戏剧表演的角度来说，演员们在进行表演时，他们也可以对剧本进行一定的修改。这一道理同样也适用于公众事务舞台上的表演者们。国家及议会的议事日程、正式与非正式的组织机构、社区、家庭，以及老年人均遵守这一原则：**如果你不能成为解决问题的一分子，那么你就是问题的一部分**。

因此，"不分年龄人人共享的社会"，这一最新的在推进全年龄福祉方面的代际尝试，应当成为构建老年社会政策框架的基础性原则。㉚

㉚ 2012 年被称为欧洲积极老龄化与代际关系稳固年。

| 第三章
老年社会政策内涵的多层次性
——整体论的视角

一 老年项目的概念框架

> 基因决定你从何处而来，政治决定你向何处而去。
> 　　　　　斯塔尼斯洛（波兰格言作家、诗人。——译者注）

提出关于老年期或老龄化的普适性标准绝非易事，而解决人口老龄化问题的方法也不止一种。因此，我们应当从社会整体论的视角来分析老龄化和老年期，在整体论的视域中，对个体的研究应当基于他们所处的系统/机构来开展。从某种意义上讲，社会整体论[①]和个人主义是水火不容的，因为前者在理论和形而上学的推断的基础上，认为整体主宰了个体的行动，而不会有其他可能性。相比起把老龄化看作是身体组织结构与心理状况的变化，整体论视角下的老龄化其体系要完整且复杂得多。

---

① 整体论（在希腊语中是整体、全部、所有的意思），与还原论相对，认为组成系统的要素以整体的形态发生功能，并且不能割裂地看待这些组成部分。整体的功能大于部分，这不仅是因为部分之间是通过特定的关系进行连接，而且在于部分对整体的功能不同，并且凸显其精髓、意图或功能所在。参考 T. Atlee, Using Synergy, *Diversity and Wholeness to Create a Wisdom Culture and Six Facets of Wholeness*, The Co-intelligence Institute, 2001; https://www.co-intelligence.org/Iwholeness.html [accessed: 25.10.2011]。

老龄化是意念、身体和灵魂相互作用的结果,并根植于社会和文化体系之中。我们也不可能脱离影响环境的客观规律(包括社会生活的结构、文化、社会结构、社会意识、家庭、教育、社会化等),来对身处老龄化进程中的个人行为做出解释。有鉴于此,必须借助整体论的视角对老龄化的个体维度和群体异质性维度进行研究:一方面,对老龄化的本质进行描述与解释;另一方面,解决人口老龄化所带来的微观与宏观问题。

因此,老龄化的多维性和全覆盖特征及其结果,要求推行综合性的、多层次性的项目,以及基于机构的解决方式,以满足老年人的需求,改变老龄化社会的结构。所以,有必要推进创新性的解决方案[②],采用新的理论,实践新理念,推行新策略和项目。这一举措将彻底改变当前的规则、资源、权力流转、政策(在总体层面上,并对部门性的政策影响尤甚),以及/或者构成特定社会系统的社会理念(另辟蹊径,旨在完全改变现有的规范系统)。

社会改革包括发展和应用新的观念,这些观念将使人们借助个体行为/社会交流,来达到共同目标。社会改革能催生应对社会问题的新方法和工具,在面对恼人的人口和经济问题,以及环境资源的消耗、社会结构的变迁时,可以起到意想不到的作用。社会改革也能作为应用性工具,旨在解决社会问题,为生活质量的提升提供服务和福祉。成功的关键是必须改革现有体系,而并非修修补补,或者仅提升部分指标的重要性。因此,并非所有的传统工具都能度量社会改革的成本与成效。

以社会改革[③]的前提为例:人口的改变、资源不足、机构的功能失

---

② 社会改革即新理念/解决方式的发展,可以是对旧理念/解决方式的改进,也可以是全新理念的引入。改革是一种过程、产物,在思维、产出、服务、技术方面采取激进的/迅猛的或者渐进式的改变。这种改变基于科学理论或者遵循人们的需求/期待而得来。简单地说,变革就是可能有效的新理念。

③ 更多资料请参考 G. Cahill,"Primer on Social Innovation: A Compendium of Definitions Developed by Organizations Around the World," *The Philanthropist*, 2010, vol. 23, no. 3; R. Murray, J. Caulier-Grice, G. Mulgan, *The Open Book of Social Innovation*, Social Innovator Series: Ways to Design, Develop and Grow Social Innovation, London 2010; F. Westley, N. Antadze, "Making a Difference: Strategies for Scaling Social Innovation for Greater Impact," *The Innovation Journal: The Public Sector Innovaion Journal*, 2010, no. 2.

调、社会服务和社会利益的获取受限、每日生活的不便和荒唐之处、社会需求的不断增强，以及对万能的新思路/解决方式（对某些人适用，也就对其他人有用）的不切实际的期待，在生产过程与特定市场所发生的改变、市场机制和/或公共部门的支持所存在的缺陷、未预料到的事件，以及对自然和社会法规的理解日渐提升（新知识）。大量的社会改革也就由此而针对风险群体所提出。这种改革的目标，主要是整合被边缘化甚至可能被社会排斥的群体，包括贫困人口、无家可归者、心理疾病患者、孤独者等。社会改革不仅包括经济条件的改善，还包括改善生活质量。因此，社会改革可能和社会政策、社会保障、工作条件、就业，或本地社区发展有关。社会改革的主要目标，就是带来政策和社会实践方面的改变。

由此，针对老年人的未来社会政策项目的新结构（包括那些面临失去社会保障和生活依赖的高风险群体），必然是改革与实用主义策略的整合体，创新性地使用国际的、国内的、区域的和本地的资源④，激发公共事务代言人（政府、自治组织、私营部门、NGO、老年人）的积极性与技能，提供适合老龄化和优质老年生活的良好条件。

笔者认为，老年项目的三层结构主要包括以下内容。

——第一层，面向老年人和老龄化的社会政策。该政策根植于社会法制体系之中，确定在区域政策应用方面国家所应当承担的职责。而这些区域政策能够在现有的资源基础上，预测事件并发展针对特殊群体的社会项目。

——第二层，老年社会政策的策略和导向性的项目——包括预防老龄化，并满足老年人的需求。

——第三层，老龄化政策的项目内涵方面——明确在提升老年人生

---

④ 资源通常和达成目标，解决问题，消除隐患，实现人们的人生目标、愿景或价值有关。资源可以是可测量的与弹性的（钱、住房、食物、居家和机构照护、交通、衣物等）或者是非物质的（知识、勇气、智谋、主动权、动力、人性、爱等）。资源包括特定个体和他们的个人与物质价值，他们所处的初级社会环境（家庭、朋友与邻里等），正式和非正式群体，组织，协会和机构。

活条件和生活质量方面,有哪些重要的操作化目标和任务。

老年项目的第一层——核心层,要求区分总体层面的政策和社会政策之间的差异。前者通常被定义为权力实践的过程,以及/或者对缺少权力者施加影响的方法。[5] 每一项政策都是一种针对日常行为、组织和系统运作、未来事件的结构和框架。**现有的制度、约束条款以及被认可的价值观**均为组织活动的策略性目标[6],这些活动主要针对组织/社区成员的生活质量,并把社会的发展视为一个整体。

从普适性政治目标的角度来看,当前的价值观应当包括:自由、尊严、自主、平等、可持续发展、公正和整体性。它们是民主国家的基本行为准则,并对"政治家的承诺都会实现"这一期望进行维持/重构。

通常而言,政策会为决策和执行过程提供**引导和支持**。此外,它还会**强制**个体和所有社会实体以特定方式,向特定目标行动。它能够保证行为的可持续性,设置目标,筹划未来的事件,并通过使用相关资源来为浩如烟海的每日决策提供基础。

应当看到,当前的政策是大量公共事务参与者的影响所导致的结果——它体现了社会群体的利益。根据政策的多元化理论,决策者(管理层)的角色应当是对这些利益的影响范围进行定义。[7]

政策明确所有组织应尽的义务,并对其赋权(权力),由此建立起政策制定者和使用者在利用现有资源时所应当遵循的原则。它是口头的、书面的或规章制度参考文件的集合,在此基础上,政策制定者决定政策的先导条件与流程,或者在发展与阐释组织任务和行为时采用强制的手段。政策会确定行动的方向、领域和范围,覆盖/围绕决策制定过程,为管理行为设置标准。[8]

---

[5] 理想国(Politeia,起源于希腊语)——治理有方的社会,与国家和权威(state and authority)有关的人类活动发祥地。

[6] 政策的准则、目标和实践,通常是与价值伴生的(包括理想、信念和喜好等),民众和社会群体获得真正满足与认同,个体和需求得到满足。价值使人们思考哪些是被尊崇的、被期待的、被需要的,以至于成为在一系列方法、途径和行为背后的准则。

[7] R. Sutton, *The Policy Process: On Overview*, Chameleon Press, London 1999, p. 26 and next.

[8] 从这个方面来说,这其实是机会的艺术。可以从如下著作中找到关于理解政 (转下注)

有效的政策对其支持者和反对者一视同仁，同时鼓励对不同意见持开放态度。政策并不会提供一劳永逸的解决方案。实践表明，解决当前政策误区的关键，是发展出一系列有效的方法，以提升民众的精力、时间和利益（包括高龄老人）。在借助社会政策，以最大化利用社会资源满足社会需求时，有一项必要条件，就是策略性伙伴关系的应用，这也是社会参与的最完整的形态。形成伙伴关系的基础，就是各种公共事务代言人合作，对公共需求进行分析，同时考虑如何满足这些需求，并解决在其中出现的各种问题。

从更宏观的视角来看，**通用型（非针对性的）的政策**是一种整体性的框架，是基于协同作用所构建起来的内在过程和功能，也就是说，它是组织要素整合的理想形态。它是一种在更广域的世界、更庞大的组织机构环境之中发挥功能的现象与过程的集合。[9]

当对"政策"冠以"社会"之名时，我们是在包括了人际、群体和群体内关系（人们互相影响的结果）的大环境下讨论这个概念，同时，我们也定位社区中的现象、过程或问题的源头，或就其他政策的社会内涵（比如土地规划、交通、市政设计等）进行阐释。

"社会"这一概念有时可能意味着是"经济"的反义词，正如社会政策远远不只是收入和财富的简单分配，经济政策领域也不仅仅是社会项目的基础（财政支持），同时也必须支持社会目标（可持续发展）。

"社会政策"原本是指在建设人民生活质量以及社会福利体系时，国家所应担当的角色。因此，在过去的几十年中，这一政策主要聚焦于经济发展的相关问题（劳动力市场、财政金融、收入等），或者是生命、健康、教育、安全等方面的质量提升等内容。在此基础上，相比起严格意义上的社会政策（社会生活的组织、生活质量），福利政策涵括

（接上页注⑧）策的方法：G. Terry, S. Franklin, T. McNichols, P. Haner, F. Harrison, *Policy, Strategy, and Managerial Action*, Houghton Mifflin Co. Boston 1986, p. 2 and next; K. Kirst-Ashman, H. Grafton Hull Jr., *Understanding Generalist Practice*, Nelson-Hall Publishers, Chicago 1993, pp. 16 – 17。

⑨ 可以参考 F. Harrison, *Policy, Strategy, and Managerial Action*, op. cit., pp. 2 – 3。

了更多的要素（社会突发事件），并且不会总是带来我们所期待的结果，其原因主要在于社会成员的选择性机制（对福利系统的依赖）。

当前的社会政策提出了一系列新的要素，以完善其内涵。因此，社会政策的内涵和社会发展的联系愈发紧密。社会政策的传统领域（卫生保健、社会保障、社会福利），如今增添了如下元素，包括住房、就业和相关福利、教育、劳动力市场、文化、交通、旅行、购物、闲暇活动等。

在未来的几十年中，可能出现一种新的社会形态，个体成功与否将主要通过其生活质量来判断，而不是根据其所有物、财产、社会地位等。事实上，现如今在富庶国家，在社会过程和社会事件的强制力作用下，社会政策制定者们不得不在建构社会保障和增强涉及公民生活质量的领域时，动用所有可获取的社区资源。

作者在本书中所提到的社会政策，基于功能社区理论而建构（焦点框2），在这一体系中，组织、规章制度和机构的设计原则，都是为了满足基于社会整体性的个体和群体的需求[10]、抱负和利益。公民的行动和参与都将在辅助性原则的基础上得到发展。[11]

功能社区的本质，在于它能够构建和实现目标与需求，保障成员的生存和自我实现。每个社区都会发展出其独有的支持系统，该系统在发生社会问题，或者当个体身处困境且凭自身能力、可能的渠道或应享的权利而无法脱困时，就会被激活。社区尝试建立起一种有凝聚力的、高效的组织保障体系，来为公民提供满足其个人和群体需求，希望和期待的机会/保障。政府当局的责任/任务就是采取行动以维持/提升/增强社区成员的状况和生活质量。群体和个体的基本需求，及其首要标准始终

---

[10] 把和教育、安全、交通、环境、文化等有关的任务进行分配，同时分散因疾病、残障、老龄化、越轨、犯罪等而带来的威胁（再分配）。

[11] 辅助性的原则，是指每个机构/群体应当帮助其他人完成凭一己之力难以完成的任务。它的本质并非是剥夺，而事实上是帮助行动和自我控制。对该原则的应用并不会导致政府把责任转移到个体和其他公共生活层面。国家依然对组织和辅助系统提供帮助，为提升公众任务的质量以及项目的应用而负责。参考 I. Colozzi, "Zasada pomocniczości a trzeci sektor" [The Subsidiarity Principle and the Third Sector], *Społeczeństwo*, 1998, no. 1, pp. 129 – 133。

建立在历史、文化、系统背景，以及经济基础之上。

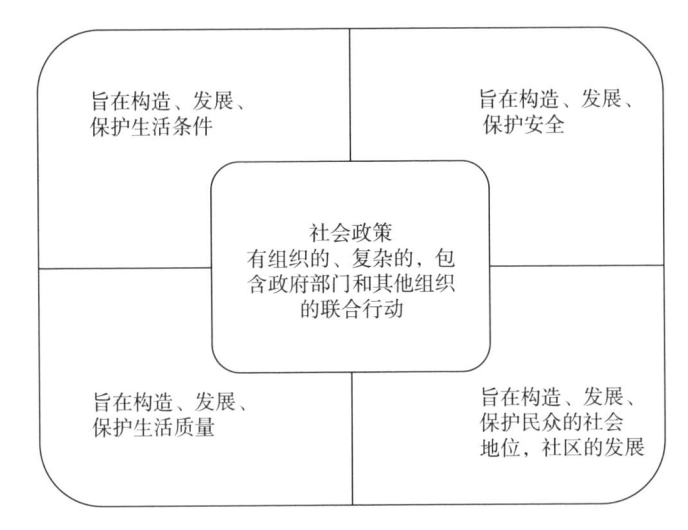

```
┌─────────────────────┬─────────────────────┐
│ 旨在构造、发展、    │ 旨在构造、发展、    │
│ 保护生活条件        │ 保护安全            │
│          ┌──────────────────┐             │
│          │  社会政策         │             │
│          │ 有组织的、复杂的，│             │
│          │包含政府部门和其他组织│          │
│          │  的联合行动       │             │
│          └──────────────────┘             │
│ 旨在构造、发展、    │ 旨在构造、发展、    │
│ 保护生活质量        │ 保护民众的社会      │
│                     │ 地位，社区的发展    │
└─────────────────────┴─────────────────────┘
```

焦点框 2　理解社会政策的通用方法

作为应对人口、经济和社会文化变迁的合理措施，社会政策包含如下内容。
对个体和组织而言：
　　——获得和谐发展的可能性，
　　——参与文化和社会生活，
　　——过上活跃和独立自主的生活。
提纲性的社会政策包含如下要素：
　　——基于公认的价值和准则，
　　——决定与解释其任务，
　　——关注组织和机构所要尽力实现的目标与可能性（视角），
　　——强制要求对既定目标采取适当的行动，
　　——在国家和社会层面定义责任分工，以及与之相伴的能力胜任问题（权力分配）。
资料来源：作者整理。

因此，当前社会政策的任务，就是建立起分享的原则，从社会领域的角度规范组织结构，规范经济系统及其功能，并为和谐发展、地方治理，以及接受者的参与提供条件。当前社会政策应当由此包含**机会均等的原则**：脱胎于公民权利，并且是评估社会和经济结构有效性的关键标准（可获得性、一致性），上述的各种**辅助性原则**（如果当前人员/结构能够正常运作的话，就不要对其进行替换），都应当得到个体的、义务性的/志愿性前瞻的支持。

人口预测、人口体质健康与体态健康、世界经济、不断增长的社会问题、文化的全球化、社会活力的下降，以及因经济问题而导致的当前家庭和非家庭组织的问题、年轻人的适应性和教育问题，这些都需要公共事务代言人们在处理社会政策问题时，对如下方面予以考虑：

——儿童和青年（与儿童和年轻群体有关的原则性问题），

——老年人（代际妥协和团结的原则），

——残障人士（社会整合与非正式化的原则）。

还需要补充以下内容作为社会政策的优先事项：

——为个人和群体而设计的紧急支持项目，这些项目主要针对因如下原因而身处困境的人：贫困、失业、成瘾、慢性疾病、无助。也包括如下群体：有前科者、难民、被遣返者等（对有需求的个体和群体一视同仁的原则）（图4）。

社会政策			
价值观			
原则		原则	
社会政策的领域			
劳动力市场的雇佣情况	住房	教育	体质健康与体态健康	家庭
文化	体育，康复与休闲	交通	保障	越轨
核心策略			
介入	保证	补偿	参与
首要目标			
儿童，青年人	老年人		残障人士

图4 社会政策的结构

资料来源：作者整理。

相对来说，在中央、地区和本地层面，社会政策的概念性和应用性框架就是指，被社会项目所保护和青睐的最起码的原则，这些原则由决策者与支持者决定并给予优先权，比如以下几点。

1. 提拔年轻人；人人都在同一起跑线上，拥有同等的机会，具有面对生活挑战的能力。社会项目应当赋予迈入成年的群体以技能、社会竞争力和独立性。独立的成年人生活,意味着对个体在社会结构中的发展,未来生活质量和地位(社会分层)方面所承担的真实的,而不仅仅是合法的责任。

2. 保护并提升有依赖性的社区成员及其家庭的生活质量。

3. 当民众因健康/智力缺陷或者生活事件而导致生活质量下降时,要予以补偿。

4. 免于受到歧视、边缘化和社会排斥。

5. 为暂时身处困境的个人/群体提供脱身之道。

社会政策的这些目标和优先事宜,意味着社会支持完善了社会保障系统,该系统面向可能跌落到社会保障体系之外的个人/群体。紧急救助项目应当包括由公共部门所提供的紧急/支持/保障项目,作为主要的应对手段;也应当包括基于辅助性原则而建立的其他形式的社会支持。

社会生活组织的当前系统,以及社会支持的基础结构,建立在政府、专职机构,以及特定人群的**资源性与团结一致性**的基础之上(政府能起到的帮助越多越好——政府越小越好)。在引入辅助性的原则和对话、重构国家框架和组织时,当前的社会接管了本应由国家(自治政府)所承担的公共事务和产品。

为构建和强化市民社会而设计的项目,所采取的策略是在管理(决策制定)的过程中,**引入**越来越宏观的社会范畴,在社会生活的关键领域**提升**社会项目实现的可能性,**拓展**中介结构。

从社会发展的角度来看,在管理过程中必须包含公民参与,并实现决策社会化,以支持个人主义和自由市场。因此,当前的政府和议事日程(国家政府和当地政府),应通过各种合法与经济的手段,构建起和谐的、互补的,并把 NGO 作为重要元素的社会支持功能系统。在提升和保持生活质量和标准时,最稳妥的做法是允许社区成员们自主决定涉及生活条件和质量的关键性内容,以及对这些内容产生影响的相关要素。

社会环境的需求,和满足社会个体与群体(资源)的可能性,二者之间失衡的加剧,为公共部门的效率设置了障碍。有诸多迹象显示,在不久的将来,社会政策并不会那么行之有效,除非这些部门能够有效地利用志愿性组织和家庭、朋友和邻里关系所组成的网络。

动态的社会政策意味着社区的每一位成员都可以而且应当是这一领域（特别是本地）的"建筑师"或者促成改变的"炼金术师"，因为当人的潜能被充分激发时，社区就会变得强大，信任关系就能得以建立，就能有效动员创造力和资源以应对未来挑战，社区就能帮助提升社会领导力（社会资本）。

即便民众参与解决其自身问题，也不能使国家和政府机构从实现社会政策目标的任务中脱离出来。在创造生活条件，并为社会保障、生活质量和公民的资源丰富性和团结一致性提供保证时，公共部门的参与程度，揭示了国家及其社会政策的本质特征。

根据之前反复强调过的**辅助性原则**，应用社会政策的压力目前正转向各级地方政府、私营企业和初级社会群体（家庭、交际圈、邻里）。后工业化社会的关键点，就是经济实体开始承担起对社会的责任。[12] 学术研究和直接实践，这二者对企业责任的兴趣也在不断提升，不仅如此，还出现了很多新的工具能够使企业承担起责任。

公共机关的社会政策，不仅为社会个体和家庭（特别是生活条件困难的）提供获取社会支持的渠道。同时还包括为能够实现功能独立性与和谐性而必须具备的潜在社会资源。因此，有必要重视健康和社会保障，构建出一套普适性的制度，帮助**身处险境中的民众，以及预判社会事件**，同时为生活质量的发展和提升创造条件。

在这种大环境下，社会保障严格意义上来讲不是社会政策，而仅仅是一种工具。对由法律所赋予，并包含在社会支持系统中的福祉和服务而言，社会保障并不能提供产生它们的全部条件。

如何动员社区资源以满足民众需求，并提升在极端情况下的措施成效，以有效应对社会安全和/或独立性方面所受到的威胁？答案就是社

---

[12] 企业的社会责任，这一概念认为"责任"不只是满足各种正式与合法的要求，同时也包括在人力资源方面的持续性投入，以及各种环境项目和社区导向型项目，它们能够对商业活动的效果产生影响——这可不仅仅是成本方面的考量，更是一种投资。

会工作，它是一种专业性原则，旨在：

——辨明、消除个体和他/她所处的社会环境之间的社会经济失衡问题，或将其最小化；

——重获/增强个体、群体和社区的潜能；

——为生活改变提供工具；

——**改变**并提升解决问题时的效率，这些问题可能导致个体或者群体在社会风险方面出现不足或者无助感。

通过激活干预性措施，引入特殊的利益和服务，社会工作成为社会控制的一股重要力量（与社会越轨做斗争，保护受虐待者，比如受到虐待的儿童、女性等）。

如何使社区及其资源活跃起来？答案就是对公民的权力、需求和利益的重视。它主要关注保障平等、生命的标准和质量，并与照护和支持有关（在健康与社会领域），同时保障人们自主决定的权利。对弱势个体和群体（具有弱势特征并非其本意，亦非其过错所致）的关注，并不意味着要为了个体而做决定或采取行动。它更像是对其权利的保护，提供信息和支持，使服务对象能够做出最佳的决定。

为社会发展创造条件不能完全依赖保障系统，而必须拓展到政府各部门层面。

中心性的社会政策，基于议会和政府决策而制定（立法，国家和欧盟项目，国际组织的参考文件）：

——为人权和参与式民主制度提供保障；

——确定结构性和组织性的方向，政策的框架，**应包括保护的方面**，以及/或不适用于纯粹的市场机制的方面；

——声明国家应当**对谁**、承担**何种**责任，责任的对象将被视为推进个体和社区发展的创造者，"催化剂"和保证人；

——通过对税收和社会支持的组织形式的再分配，在资源的分配方面实现/恢复团结一致；

——对国家和社会结构的不同组织层面，赋予不同的职责，并在建设和应用社会政策时，表现出相应的能力；

——界定社会政策的相关者和部门间的合作原则。

因此，中央级别的社会政策，意味着为涉及公民/群体/社区的平等对待和发展的行为，设计合法的、组织化的结构框架（法律制度和再分配体制）。这些行为可以提升公民的生活质量和生活条件，并为其社会生活开辟一条道路。

在**地方层面**的社会政策制定与实施过程中，地方政府扮演了如下角色：

——作为公民/群体/社区的事务，需求和问题（保障权益，依照法令的）的**合法发言人/代表**；

——促进可持续发展、可获得性、和谐[13]与社会整合；

——在国家/地方/本地层面（在欧盟论坛上进行议会和政治游说，以及国家所属的国际组织）实现**标准化的解决方式**；

——针对公民/地方群体/地方政府需求而设置**行动——计划中枢**；

——在"中心"，地方政府和本地社区（信息、权力、首要目标的实现、支持，等等）之间的关系方面起到**连接者和"催化剂"**的作用；

——为社会政策相关的**法令性任务**提供经济方面的支持；

——根据和社会政策有关的法令性任务，**推进社会基础设施建设**；

——在既定的地方政府框架下，在解决社会问题、满足个体/群体/社区需求方面，发挥**合作者与咨询者**的功能。

社会政策有两项重要内容——权力/权威和社会影响力，允许人们为其生活和发展创造条件，控制和阻止对个体和累积性发展可能造成毁坏的力量，并为众多社会群体创造条件，帮助他们能够清楚地表达其利益，特别是少数群体和处在被边缘化/社会排斥危机之中的群体的利益。

为应对这些挑战，**社会政策必须整合于发展性政策**，支持可持续发展，创造和谐的与功能性的社区，发展涉及公民事务的部门和活动。在

---

[13] 当人们共担社会责任、创造互帮互助的社区、以民主的方式追求共同目标时，社会就是和谐的。构建社会和谐主要基于人权和公民权的实现，以及推进社会与经济的发展。

此意义上，社会政策是所有的公共权威（政府、地方政府）在涉及生活质量、满足公众需求和解决社区问题等方面，所采取的"有所为，有所不为"的做法。⑭

二 社会政策——为实现成功老龄化而创造和保障条件

政治就是永不停歇地纠正世界的过程。

坂口安吾（Sakaguchi Ango，日本作家）

人生经历丰富的老人，经常会被问：你们过得怎么样？你们如何活到这个岁数？等诸如此类的问题。而全球老龄化则带来了更为复杂的问题——影响老年人社会地位的要素有哪些，这些要素被分为**桎梏和机会**两大类。这些问题的答案有助于为发展**成功老龄化的设想**⑮提供解答。

成功的、令人满意的老龄化在个体的功能性要素（质量）方面证明了自己，比如：良好的健康状况、心理和生理的健康、福祉和独立性、保持生产力、愿意而且适合参加社会活动（潜力的最佳化）、在个体和社会整合方面达到一定程度以保证社会功能的发挥、获得建设性的改变、期待（生活智慧）与现实（寿命的延长，要求相应资源的增加）的适应、对生活事件保持动态的控制力，以及做决定的可能性。对这种

---

⑭ 类似的提法多见于美国学者的论断。
⑮ 此概念可能最先由 R. Havighurst 所提出（"Successful Aging," *The Gerontologist*, 1961, no. 1, pp. 4-7）。Rowe 和 Kahn 自 1990 年代以来，对此概念的内涵做了进一步扩充，参考 Rerkman et al., Seeman et al., Palmore, Bearon, Ryff, Featherman, Smith, Butler, Erlemeier and Peterson, Baltes and Baltes。参考 L. Bearon, "Successful Aging: What does the good life look like?", *Concepts in Geronotology*, 1996, vol. 1, no. 3; M. Halicka, *Satysfakcja życiowa ludzi starych. Studium teoretyczno-empiryczne* [Life Satisfaction of the Elderly. A Theoretical and Empirical Study], Akademia Medyczna w Białymostoku, Bialystok, 2004。其他波兰学者对此概念的介绍可参考 M. Kaczmarczyk, E. Trafiałek, "Aktywizacja osób w starszym wieku jako szansa na pomyślne starzenie" [Activation of the Elderly as a Chance for Successful Ageing], *Gerontologia Polska*, 2007, vol. 15, no. 4。

老龄化方式的理解，也显著地依赖于老年人社会竞争力的水平和深度，这种竞争力主要体现在解决生活问题，以及基础设施服务（正式和非正式的机构）如何帮助失去独立性的老人（见图5）。

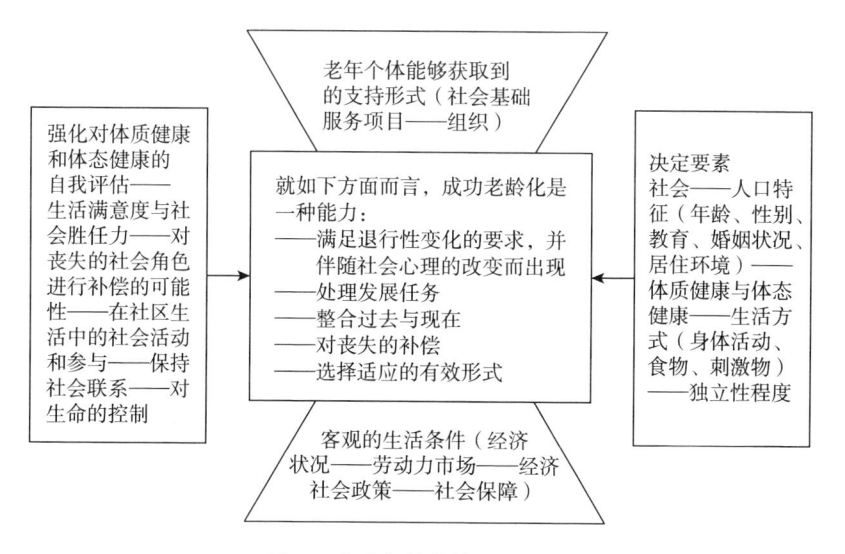

```
┌─────────────┐         ┌──────────────────┐         ┌─────────────┐
│ 强化对体质健康 │         │ 老年个体能够获取到 │         │ 决定要素    │
│ 和体态健康的  │         │ 的支持形式（社会基础│         │ 社会——人口特│
│ 自我评估——   │         │ 服务项目——组织）  │         │ 征（年龄、性别、│
│ 生活满意度与社│         └──────────────────┘         │ 教育、婚姻状况、│
│ 会胜任力——对 │         ┌──────────────────┐         │ 居住环境）——│
│ 丧失的社会角色│←────→   │ 就如下方面而言，成功老龄化是│ ←────→ │ 体质健康与体态│
│ 进行补偿的可能│         │ 一种能力：        │         │ 健康——生活方│
│ 性——在社区生 │         │ ——满足退行性变化的要求，并│         │ 式（身体活动、│
│ 活中的社会活动│         │   伴随社会心理的改变而出现│         │ 食物、刺激物）│
│ 和参与——保持 │         │ ——处理发展任务    │         │ ——独立性程度│
│ 社会联系——对 │         │ ——整合过去与现在  │         └─────────────┘
│ 生命的控制   │         │ ——对丧失的补偿    │
│             │         │ ——选择适应的有效形式│
└─────────────┘         └──────────────────┘
                        ┌──────────────────┐
                        │ 客观的生活条件（经济│
                        │ 状况——劳动力市场——经济│
                        │ 社会政策——社会保障）│
                        └──────────────────┘
```

图 5　成功老龄化的影响要素

资料来源：作者整理。

因此，在未来，社会和经济发展将取决于社会项目，这些项目在平等、社会正义和一致性以及尊重人类尊严等价值观的基础上，保障人的生活质量。

稍后本书将介绍一种与老龄政策有关的，相当有效且成果丰硕的整体观理论，它由芭芭拉·扎图尔-亚沃尔斯卡提出[16]，认为社会政策的设计应当基于两个模型。[17]

1. 基于生命周期的老龄化社会政策。该政策建立在三要素之上：对老龄化的理解，老龄化在整个生命周期中的定位，对具有这一生命周

---

[16] B. Szatur-Jaworska, *Ludzie starzy i Starość w polityce społecznej* [Elderly People and Old Age in Social Policy], Dom Wydawniczy Elipsa, Warsaw 2000, p. 119.

[17] 在 Szatur-Jaworska 看来，对社会政策维度的分类，其分析意义大于实际意义，并且在项目规划的早期阶段（确定目标和价值）和评估结果的末期阶段更为有效。在规划与实施的中间阶段，这两方面的差别比较小。出处同上，p. 125.

期特点的需求和威胁的认识。这一模型包括了国家层面、机构和其他公众代表旨在构建针对老年人的态度和行为，这会影响到他们的社会地位（平等权利、可获得性、社会意识的转变）并创造出针对老年人的最佳条件（基础设施和社会支持系统），由此决定其在经济策略和/或国家发展（劳动力市场、对 GDP 的贡献、消费等）方面的角色和地位。国家是社会生活的管理者，有着至高无上的权力，包括立法、再分配和控制（议会、政府），它在构建老龄政策方面发挥着主导性的作用。国家有义务对老年人提供合法的保障，提升老年人的生存条件，将老年人与主流社会生活相整合，比如立法（社会状态原则、健康与社会安全、社会参与的原则和形态），健康，教育和雇佣政策，公共环境和组织系统的可获得性（议会、政府及其部门的决策性角色），对老年人予以法律和经济支持的原则，以及公共部门的组织情况。在民主体制下，当地政府必须对立法（内在的与委任的任务：教育、与商界合作以创造工作岗位、文化和休闲、社会保障、康复、对照护老年人的家庭予以支持）有关的组织机构的发展和运作负责，构建与公共事务有关的合作性与支持性体系。为实现这个模型（老龄化作为生命周期的一个阶段）在社会政策中的有效运作，必须基于跨区域的原则对社会政策进行监控，并观察老年人的社会分层（来自不同社会和健康水平的老年人，所处的社会地位），以及定期对老年人的需求、发展潜力和期待进行深入透视（特别是从社会地位的视角来进行分析）。

2. 针对老年人利益的社会政策（结构性—类型的途径）：把老年人视为人口的组成部分，设计相应的目标并采取行动。这种政策基于对需求的研判而构建。其参照物是特定的人群，有着既定的健康状况、效率和经验；同时还会参照该群体的社会地位、问题及生命历程——一般特征和由老龄化所导致的特征。通过这种方法，社会政策的目标、任务和评估都从它们在老龄化方面的影响，老年人及其环境（家庭、社会生活圈、社区）这一层面来界定。这个模型是对与老年人社会地位、生活条件和生活质量有关要素的法律性解决途径的解读和应用。该社会政策模型有三大目标：保障收入和生活质量，与主流社会生活完全整合，预防/消除老年人经常遭遇的社会障碍。⑱

> 这种方法［……］拓展了研究问题的范围，以及对满足需求的分析过程［……］，从［老年人——原作者注］在社会中的视角，以及生命历程的影响要素来看，它为社会政策的复杂性奠定了基础。⑲

为确保这些不同的行动形式与类型取得实效，需要采用更为组织化、概念化以及应用性的结构框架。由此，**依托老年社会政策，笔者提出了老年项目的三层结构**（"工具箱"模型）。该模型根植于社会立法体系中，在现有的财政和组织资源的基础上，明确国家及其结构如何应用区域性政策，以应对事件并创造针对特殊群体的经济项目（预算和社会结构）（见图6）。

在老年人口不断增长的背景下，要维持或提升老年人的生活状况与生活质量，必须采取如下措施：积极老龄化和健康老龄化，注重老年人的需求、问题和相关事宜，针对老年人的教育和训练项目，老年学研究以及相关发现的宣传，拓展国际老年学研究数据库。

由此，作者认为，和老龄化、老年人相关的社会政策，从宏观的角度来看，应当是经过深思熟虑的、有组织的、复杂的，并且是跨政府部门的综合性体系，它应当具有如下特性：

——创造、提升，并且/或者保持老年人的生活条件和生活质量；
——为老年人的社会地位和社会安全提供保障；
——让老年人积极参与文化和社会生活；

---

⑱ 这些目标之间其实是有张力的——对健康问题的过度关注，会导致忽视保护老年人状况与状态的要素和过程，也会忽视老年人整合到主流社会生活的重要性，这可能会导致老人失去社会安全和独立性的风险持续增高。忽视老年人的整合要求会导致老人产生被抛弃感，以及感受不到爱，这可能是导致老人受伤害的根源，甚至可能导致社会隔离。

⑲ B. Szatur-Jaworska, *Ludzie starzy I starość*…［Elderly People and Old Age…］, op. cit., p.125.

——增加/保持老年人拥有积极和独立生活的潜力和可能性。

```
                    第一层——首要性：
                  A.面向老龄化和老年人的
                 社会政策原则——目标——接受者

         ┌──────第二层：老龄政策的干预策略和项目──────┐
  对    第              │    │    │体 │         第   针
  紧    二   1.   2.   3. │4.体│ 5. │   二   E. 对
  急    层   劳   住   教 │体质│ 家  │   层   的
  情    ——  动   房   育 │健康│ 庭  │   ——  类
  况    预   力        │  与│ 与  │   社   型
D.预    防   市                        住   会    项
  估    老   场                        房   与    目
  事    龄                  C.部门政策            健
  件    化                                        康  
  的                                              风
  支    B.  和   7.   8.   9.   10.    社     险
  持    法   休   娱   交   安   越     会      （
  生    律   闲   乐、 通   全   轨           脆
                  体                           弱
                  育                           群
                                                体
                                                ）
         └──────第三层：面向老年人的社会政策项目内涵──────┘

              F.支持系统的资源：服务内容的分类
```

图 6　老年项目的概念框架（三层"工具箱"）

资料来源：作者整理。

因此，政府及其社会支持者，在应对老龄化和老年人问题时，应当摆脱传统干预项目的限制，并主要关注社会参与活动，在直面老年人社会环境所发生的改变的同时，为老年人实现活跃和富有弹性的表现创造条件。同时，构建人们对其自身潜力的尊崇和信任，并为人们在生命各阶段做出自主的选择提供可能。考虑到老年人的健康、能力、需求和社会支持资源，这些行为也被认为可以提升老年人尽可能久的独立生活的机会。

这些老龄政策暗示了在政策制定过程中所应当体现的价值观，以及相应的目标，这些**目标**会决定应当采取哪些行动，不应当采取哪些行动，来为老年人创造良好的生活环境，同时，这些政策也会**明确目标的具体内容，以及如何达成这些目标**。

因此，针对老年人和老龄化的社会政策，就是试图建立传统与革新、维系与变革的和谐体，以应对全球老龄化趋势。同时，它也应当使最年轻的和最年长的群体都能满足自身需求,这也推动非竞争性代际关系的进一步发展(参见焦点框3)。

成功(健康和积极)老龄化这一概念的引入,明显获得正在衰老的民众的普遍拥护,成功老龄化也能被应用于所有的政策制定过程,以及科学、组织、教育和医疗成就方面的信息交流,这些信息能够加速/帮助社会组织的重构,这种重构也是基于不断增长的老年人的社会需求而提出的。

焦点框3 针对老年人和老龄化的社会政策

针对老年人和老龄化的社会政策
针对老年人和老龄化的社会政策是一项立法的、机构的、组织的过程,是对社会人口结构的反馈,同时,也是社会子系统的一种结果和改变,通过如下各项行动来体现: ——为老年人的生活质量提供宏观条件 ——满足老年人的需求 ——保障老年期拥有和其他生命周期同等的社会地位 ——构建代际的联系 ——和谐,并整合特定群体的相关利益 ——帮助老年人管理发展性的任务 ——在社会意识中构建积极的老龄化形象 ——为应对和社区成员老龄化有关的问题和事宜,而创造可能性

总体原则	宏观目标
——团结一致,以及代际的交换 ——老年人的行动 ——保护老人尊严 ——在获取社会利益和基础设施方面保障平等和公正 ——社会政策相关者的通力合作与责任共担 ——社会参与和伙伴关系 ——在满足老年人需求方面,对目标和行动的选择的通用性和可选择性 ——在解决老龄化问题时,更多采取预防性的态度,而并非干涉性的态度 ——老年照护的系统解决方案,应当具有行动的持续性、耐久性,注重质量和效率 ——国家层面的辅助性原则(政府部门带头削减自身权力到最低水平)	——保护/提升老年人的生活质量和条件 ——增强老年人和社区的潜能,以支持高龄老人的个人发展、活动与自我实现,及其自我照护和自助的能力 ——对老年人的社会经济状况予以法律保护 ——根据老年人的社会地位增加新的社会角色 ——在社会和经济发展过程中,利用老人的潜力和经验 ——对基本联系和关系的自然网络的创建/恢复/支持 ——根据老人的需求,保质保量地提供服务和福利 ——对老年民众的贫困化,社会地位下降,独立性丧失等问题未雨绸缪,并采取预防措施 ——老龄化和老年人的社会形象的转变 ——不分年龄,人人共享的社会的代际整合

续表

老年社会政策的首要任务
1. 基础设施建设，支持老龄项目（科学研究、社会分析、社会工作、支持 NGO、对社会保障项目进行管控和评估）
2. 与如下内容有关的教育和培训：退休准备、基础知识的扩充、获取新技能、代际文化差异的调和、新技术、设备与机构系统的使用
3. 发展/支持针对老年人的机构性支持系统（在社会、媒体、老年社会组织、政治领域发展老年学教育）
4. 法律，机构和物质援助，以支持老年人和/或其照护者的独立性和丰富性
5. 消灭/减少影响老年人边缘化和社会隔离的要素，以及/或者针对老年人（在个体和环境层面的生理的、情感心理的、社会经济的方面）的虐待和暴力
6. 发展/支持有助于代际整合、社会参与，面向老年人的照护和支持的各种措施（特别是老年人和其他人群的志愿者服务）
7. 为健康和积极老龄化的相关举措提供基础设施方面的条件
8. 老年人物理环境的"植入"（移除人为的障碍，支持在空间、住房、公共空间和机构、公共交通方面维护人的独立性并提供方向导航）
9. 面向老年人和跨学科的老年健康照护系统与康复（复苏）服务的发展
10. 长期照护服务和临终关怀服务（特别是环境的、家庭照护的）的多样化发展，以及为慢性病患者和残障老人的照护者提供支持。

资料来源：作者整理。

因此，运作良好的社区和基于社会政策的老年人生活质量的发展，一方面，应当被视为每个社区成员（包括老年人）基于利他原则而进行的**投资**，这对经济发展和公民福祉产生了积极影响；另一方面，这种发展预防了贫困和越轨，并提升老年人在解决问题、优化社会环境方面的资源可获得性和老年独立性。

由此可见，社会政策和经济发展[20]共同构建了和谐社会。在自由的社区中，人人为我，我为人人，基于民主的方式追寻共同目标。

由上可知，在老年社会政策的大环境下，社会和谐就意味着：

---

[20] 现如今，经济增长被认为是一种更加务实的目标，也即为了实现人类发展。因此，提升民众（特别是独立的个体）的健康和生活水平是经济和社会发展的终极目标。在社会目标方面的开支，也是为了日后能获得稳定的经济发展而进行投资，而不仅仅是当前的经济负担。该发展模型并不总是和当前的社会价值相适配的，不过，民主国家（特别是欧洲），担负起了实现经济增长和社会公平之间的平衡的责任。

——尊重每一个正在老去的人，认识到老人在参与公众生活方面的潜能和权力，不论他们有何种文化、状态、价值观或信仰；

——正在衰老的人，即使在生命晚期也能够自由地选择老年生活之道；

——防止一切针对老年人的歧视；

——参与到保护与行使老年人的权力过程之中，这些老人遭受歧视，以及/或者健康、生理和社会安全遭受损失。

因此，若社会人口结构中有大量老年人，为了维持社会可持续发展与社会和谐，应当[21]：

——把老年人视为一项重要的社会资源；

——借助科研项目的支持，消除关于老龄化的谜团和刻板印象；

——为高龄老人提供可持续发展的健康保障体系，和促进健康的相关活动；

——促进代际的团结一致；

——推进终身性教育，并为之创造条件；

——构建国家和本地的基础服务框架，以支持老龄化和老年人，以及面向老年人的特殊项目。

面向老年人和老龄化的社会政策，应当被应用于社会生活的各个层面（国家、区域、本地），然而，基于辅助性的原则，与老年人关系最为紧密的角色——家人、公共事务参与者、社会组织亦同样重要（参见焦点框4）。

---

[21] 世界卫生组织于20世纪末提出了老龄化的三项核心任务：有质量的老年生活——健康的老年生活——长寿的老年生活，这昭示着未来即将发生变化。此外，1991年，联合国提出了全球性的老年宪章，以保证老年人尽可能获得有尊严的、安全的、活跃的和独立的生活。而在涉老社会政策中，对此方面的阐述包括了19项内容。2002年第二次世界老龄大会（04/12/2002）上，关于欧洲老龄化事务的论断，在联合国欧洲总部被称为《柏林部长宣言：不分年龄人人共享的社会》（Berlin Ministerial Declaration: Society For All Ages），之后在一份更为细致的文件中进行了论述，即《马德里国际行动计划》，其全称是：Regional Implementation Strategy for the Madrid International Plan of Action on Aging 2002（UN-ECE/AC. 23/2002/2, 3/Rev. 2, 6, 16.09.2002）。

焦点框 4　本地政府在创建与成功老龄化和幸福老年期有关的法律和组织项目时，所承担的责任和任务

在控制和影响之间

I. 跨区域级别的行动

A. 当地政府的首要及永久性的任务

应当在中央政府层面呼吁对立法做出改变，这些立法涉及老年人的社会生活和社区生活情况，生活条件和功能发挥等方面。这些任务的提出，基于对老年人社会地位的分析、探查，社会基础设施的获取，以及老年社会地位的变化。

B. 本地议会和政府应当：

1. 提出长期照护计划，以完全适应由欧盟所主导的应对老龄化的相关法律法规。
2. 对法律进行修订，以清除影响老年人独立性的功能发挥的障碍——目标：引入统一性的法规以处理老年事务。
3. 对未能保障老年权益，提升老年生活质量和条件的行为，增强处罚力度（独立监控）。
4. 在媒体和政治宣讲场合中强调老龄化相关内容，包括实现成功老龄化和幸福晚年的可能性与限制。
5. 政府支持如下项目：
   ——继续教育；
   ——延长老年人在专业性活动中的参与时间；
   ——在对中央公共事务管理部门和对护理行业人员的培训中，加入与老龄化和老年人有关的内容；
   ——支持和建设与老年人独立性、生活质量有关的中心网络——在未来这些内容都将惠及残障人士，并为此提供法律和经济支持。

C. 由本地政府所发起的任务

1. 把为老年人社会整合而奋斗的社会力量整合起来，每年进行一次评估——每年都在不同的区域/省/郡/市镇开展。应当由老年民众所组成的委员会来承担这一事宜，并与学术机构合作，在自治政府层面开展。
2. 通过自治机构（友好城市/村镇等）的国际交流，来实现解决老年人问题的做法和"成功经验"的共享。
3. 在政府当局和媒体所组织的国家项目的领导下，推进保障老年人的独立性最大化。
4. 确认当前的解决途径和立法之间的鸿沟，更新当前的有关准则和标准，以期实现老年无障碍。

II. 本地所应采取的行动

A. 在自治政府的管控下：

总体原则

不要做既无法测量，也不能满足需求的事情——自治政府的首要任务是：
　　——最大化利用现有的机构、组织资源与能力；
　　——在自治政府的框架下发展老年项目时，优化决策者之间的协作。

1. 干预性措施：保护老年人免于受到社会歧视——特别是在健康照护和社会保障系统层面。

续表

2. 首要任务：
　　——老年人享有和其他公民同等的社会服务，以及在自治政府事务中的同等参与权；
　　——在老年组织机构和/或老年民众的配合下，制定新的老年社会政策；
　　——面向各级官员和决策者定期开展老年学教育（为新职员开展的义务训练/支持特定的社会阵营，以"开启"社会意识老年人的地位和需求）；
　　——拓展和代际整合有关项目的资源支持；
　　——发展为老年支持资源系统而设的交互性信息系统（网页、咨询处、宣传单）；
　　——鼓励开展与老龄化有关的媒体活动。

3. 在空间安排，建筑和住房方面尽快引入普适性的设计方案，由此为如下人群提供机会：
　　——全体社区成员的生活质量显著提升；
　　——少数群体，特别是残障老年人的问题得以解决。
普适性的设计原则包括：
　　——评估标准；
　　——对计划出现在公共场所中的物体和产品的结构，借助相关工具进行管控。

4. 把老年组织的代表整合到社会、福利、城建政策的决策、投资、制定、实施的咨询与评估过程中。

5. 在涉及本地社区的高龄老人生活状况和生活质量相关事务时，加强对本地立法与规划的控制与协作。

B. 在自治政府的影响领域之内

1. 发起/创造/支持如下项目：
　　——在自治政府层面发起老年项目；
　　——监控残障老人的居住条件；
　　——为老年人传播关于政府和健康/福利的项目信息；
　　——传播有关引入老年友好型项目和政策的信息；
　　——为创新性的老年友好型项目的实施进行辩护（决策者、专家、学术界、NGO——包括老年人与媒体，以上各方共同决定谁是赢家）。

2. 组织并召开涉及老年民众事宜的政府工作年会（提出项目规划，评估达标情况）。

3. 通过电子平台或其他媒介，曝光当前不能满足老年人"可获得"需求的机构。

4. 推广/采用记录老年人意见和建议的系统（电子系统或者传统的，手写的记录）。

5. 组建一个新单位（与高校的建筑学院合作），该单位可通过提供国际标志认证，以允许建立特定机构（与高校的建筑学院合作），为"年龄友好型"建筑的建设进行国际认证并授予奖励。

6. 对帮助老年人真正参与社区生活的代表/组织的协议、联盟和解决方式予以支持。

7. 允许老年非政府组织，从保护老年人的公民权角度出发，在自治政府的社会保障和健康照护体系中，对项目和组织解决方式进行评估。

8. 对任何不遵守为残障老人提供公共空间这一原则的建筑投资方/所有方，将其行为公之于众。

9. 对面向高龄老人的项目，定期组织并召开官员、NGO、老年代表共同参与的会议。

10. 组织政府官员、老年机构的代表，以及/或者社区中的老年代表三方共同参与的年会，该会议主要讨论老年项目的应用实施问题。

11.	在自治政府框架下，检查是否存在未处于自治政府监督下的，且适合老年人的新建筑——这种检查应当有残障老年人参与，且采用通用性工具以测量建筑所存在的障碍问题（对不同年份的数据进行比较）。
12.	对在公共空间制造社会、法律和建筑障碍的自治组织进行制裁，这种制裁应当通过多次社会活动来实现。

资料来源：作者整理。

简而言之，应当说与老年人和老龄化有关的政策，是系统与法律目标、策略和行动的集合。这些内容在本地、地方和国家三个层面开展，以保持/提升老年人的社会地位和生活质量，释放其潜能，提升老年人过上积极、独立的生活的可能性。

未来几十年的老龄政策可以/应当遵循的方向，将由如下公式所决定：

$$老年社会政策 = \frac{4P(保障，预防，提升，参与)}{4I(意识形态，利益，机构，信息)}$$

以上公式揭示了"4P4I"体系的基本结构："4P"分别代表着保障（Protection），预防（Prevention），提升（Promotion），参与（Participation）；而"4I"则指代意识形态（Ideologies），利益（Interests），组织机构（Institutions），信息（Information）。

4P要素在老龄政策的长期项目体系中占据了核心地位，其主要内容包括以下四点。

第一，保障（照护）。近些年来，欧洲的老龄问题专家们提出，应提供对老年群体的健康保障，增强社会保障系统的稳定性，比如维持老年人退休后再度工作的能力（弱化退休年龄"一刀切"的政策，老人在经历短暂的"退休期"之后，能够重返职场），从而提升老年人的就业率，并推动实现"老有所为"。[22]

---

[22] 成员国应当继续保持承担社会安全和社会福利系统的责任，但同时也要留意这些改革所可能造成的影响。欧盟的职责是保障成员国的现代化，参考 *Paper on Relevance to EU Social Objectives*, European Commission, Research Directorate-General; Programme: Quality of Life and Management of Living Resources-The Aging Population and Disabilities, Brussels, 11.04.2000。

为老年人的社会与健康状况提供保障具有重要意义，这一举措能够使老年人自由地选择他们所期待的生活方式，并在熟悉的环境中安度晚年。这种保障性措施的内容主要包括：

——根据老年人的健康状况和需求，为其提供适宜的居住环境，或者提供相应的居住辅助服务；

——根据老人所在区域，提供相关的医疗卫生服务；[23]

——为老年人及时提供助老服务、助老设施相关的信息，并帮助老人尽可能地获取这些服务；

——对在机构中的老年人提供适切的照护服务，尊重老年人的隐私权和自决权。[24]

因此，对老年人社会功能与健康状况的保障总体上包含如下内容：适合老年人吃的食物，营养均衡，住所安全，辅助设施齐全，安全用药，可及时获取的医疗服务，为老年人提供器材、假肢等以实现生活的独立自主。相关政府部门应采取措施，防止老年人受到虚假广告和推销的误导，从而造成经济损失。

第二，预防。预防性的措施主要是用来辨明、缩减或消除老年人自身与社会环境之间存在的失衡问题，同时提升老年组织、老年社团的潜力。与积极老龄化有关的社会政策，例如从政策层面肯定并支持老年志愿者等，也属于预防性措施的范畴。这些政策能够支持老年人承担重要的、"具有生产力"的社会角色，并旨在改变针对老年人的刻板印象，因为这些刻板印象常常主观臆断，而忽视了老年人的社会角色属性。

除上述措施之外，预防性的措施还包括在出现老年社会偏差等问题时及时介入，保护老年人免于受到暴力和虐待的侵害。预防措施包含诸多干涉渠道，与老年生命健康休戚相关。社会保障机构和 NGO 组织承

---

[23] 20多年前，北欧国家的学者经统计发现，在养老院中居住的成本，等同于一年中每天在家接受3小时的照护服务，或者2小时的机构照护服务。

[24] 在欧盟国家有4%~5%的老人居住在养老院中。而在美国，从1980年到2050年，85岁及以上的老人，有可能会增长60%（在波兰这一数值可能小于1%）。https://users.sky-net.be/delperee/NICOLE/European_social_policy.pdf［accessed：10.05.2012］。

担完善社会保障系统的职能,它们关注具有特殊社会风险的人群,以避免这些人沦落到最低社会保障线之下(克服缺陷,纠正不足)。

所有的保障性与促进性的措施都应当具备如下基本内容。

——对个体而言,老龄政策完善老年人的技能与知识储备,以改变老年人的生活态度和习惯,改善人际关系。

——对社区而言。社区的环境、社会系统、组织以及其他相关要素,都应当以支持和保障老年人的健康、社会参与、社会福利等为核心。

而从鼓励性的策略来看,该系列策略旨在实现群体(比如家庭、朋友),社会系统,组织机构(政府部门、社会系统、邻里、学校、工作环境等)等方面的功能改良。

第三,提升。包括普及老龄化相关知识(宣传积极老龄化理念,推行老年教育,改变老年人的社会形象),为达成这一目标,需要多方面通力协作,包括:科学界、大众媒体、企事业单位、青少年儿童等。大众媒体和教育系统在帮助克服老年人刻板形象与偏见,提升社会对老年群体的关注度方面,将发挥不可忽视的重要作用。㉕

有观点认为,儿童、青少年群体应当成为老年项目的首要对象,其原因主要包括以下三点。

——儿童期是长寿的"摇篮"。少年儿童早日接受老龄化的相关观念,是改变社会对老龄化与老年人印象的前提条件。

——个体行为和国家政策(政策能影响不同的年龄层,对青年群体所产生的影响尤甚),将在不久的将来对老年人的社会地位产生直接影响。

——目前,青年群体是社会政策的重点针对对象。青年群体需要学习老龄化相关的新知识、新技能、新行为,这样,当他们步入老年期时,能够拥有健康的体魄、充足的收入、储蓄的习惯、家庭和社区的

㉕ 在欧洲地区开展老年学研究的尝试,以及公布研究结果,促进国际层面、国家层面、地区层面和本地层面的社会实践都是同等重要的,参考 5th Framework Program of EU。

支持。

对老龄化的推广和宣传,也意味着开发个体的潜能并发掘相关社会资源。积极老龄化的顺利实现,仰赖于良好的外在环境,多层次资本的支持(钱、自然环境、人际关系、社区和谐、社会纽带等)。家庭、本地社团、社会系统必须做出改变,以适应人口老龄化的需求。为了在当地社区推进这一进程,则必须建设相应的法规与咨询中心,以针对中老年群体提供服务。

第四,参与。参与(老年人参与社会生活,并做出能够影响他们自身的决定)通常假定代际存在整合性特征,即每个世代都具有其独一无二的群体特征与资源,这种特性能用来强化社区与个体之间的联系。今后,老年人和其他社会群体之间的联系将会进一步加强,老年人将承担着传承文化习俗、价值观、道德示范与生活经验的作用。

参与还有另外一层含义,即退休人员的人力资源利用,这样既能满足退休人员自身的需求,同时也能帮助解决社会问题。为鼓励老年人更多地实现社会参与,社会项目应当包含社会生活的方方面面(劳动力市场也囊括在内),同时推进自主学习、公民教育,对不同的生命周期都能坦然接纳。此外,社会项目也应当推动社会空间(群体、社区空间)私有化。历史经验表明,凡有着深厚民主积淀的国家,都允许老年人有自己的生活方式,并参与各种涉老事务的决议过程。否则社会政策常常会贬低或轻视老年的问题及需求,并常常演变为社会问题。

由老年人所组成的各种老年社团或委员会(比如"银发立法院"等)在帮助老年人取得平等社会地位方面,能够发挥重要的作用。他们能够干预本土社区的各项事宜,其影响力甚至波及最年长的老年群体。

4P体系(保障,预防,提升,参与)的实现效果取决于4I体系(意识形态,利益,机构,信息[26])的运作状况,后者的内涵包含如下

---

[26] 利益—意识形态—信息—机构之间的关系及角色,在构建公共政策的形象方面发挥作用,可参考 C. Weiss, "Research-policy Linkage: How Much Influence Does Social Science Research Have?", in *World Social Science. Report* 1999, UNESCO Publishing, Elsevier, Paris-London 1999, s. 198。

多个方面。

第一，意识形态。意识形态根植于社会意识、社会生活、政府职能、机构等组织之中。价值观引导并产生对老龄化、老龄和老年人的不同认识（比如老年人在社会生活中的地位、政府和家庭在老年照护方面应当承担何种责任等）。价值观通常深藏于意识形态之下，并推动政治家们实现其许诺。价值观能够起到过滤社会和政策项目的作用，政策制定者和社会参与者在其所持有的价值观基础上，采取不同的决策制定与行为（思想调控）。

第二，利益。社会层面的利益博弈即称之为"政治"，它的内涵包括以下方面。

精英阶层。精英阶层是政治系统的子体，具有稳固而紧密的内在关系，仅有少数人有资格加入，这一群体对某一特定政治领域有着共同的兴趣。他们关注政治所产生的宏观效果（系统、权威等），在政策制定与实施方面占据主导地位。博弈在政治家之间较为常见，这一现象与价值观、个人喜好等方面并无关联。博弈双方通过其所占有的社会地位和资源，尝试影响信息的流通，并影响决策层。

专家团体。该群体的职责在于对相关政策领域的问题进行解读，并使用通俗易懂的方式向上级政府部门和公众提出相应的解决思路。此外，他们还针对政治家最关心的问题进行解读并宣传其解决方法。在接触一手资料和达官显贵方面，专家团体可谓是近水楼台先得月。他们常常参与与政策相关的理念、内容、目标、策略等方面的讨论。不过，如果专家在政治活动过程中陷入太深，有可能影响到他们的价值中立性，这可能导致专家团体的泛政治化与主观主义的盛行，最终会影响到政府部门在制定社会政策时出现"越权"行为（超越王座的权力[27]）。

官僚机构。官僚机构司职解决不同社会群体之间的矛盾，并起到调节作用。官僚机构通过解决社会矛盾以增强其影响力，并赢得选民的支

---

[27] 同上，p. 194。

持。这些权力的掌控者与公众利益、组织团体和政府机构的优先权相互冲突,这种优先权常常被用来控制普通民众。

本地社区和普通民众。由于社会个体对政策、政治计划的依赖程度不断提升,政策的成败对个体的影响力与日俱增。由此,社会参与被视为展现公民利益和需求的有效途径,这一途径也具有赋权的色彩。国家与社会对社会政策的重视,以及社会政策的目标能够有助于减轻国家与社会的"二元割裂"问题。各种辅助性的社会政策在这一过程中起到关键性的作用,能够有效地减轻不同个体、群体、组织所发生的冲突。

价值观通常会和利益发生冲突,特别是当这种利益具有工具性色彩时(比如国家利益、团体利益、公众利益等)。价值观也会和个体利益发生冲突。由此,政策的制定者,应当限制这些利益冲突方的活动范围,并把注意力放在实现多个利益方[28]的平衡方面,而不是去尝试优化冲突的结果。

第三,机构。机构必须对社会需求与社会问题及时做出反应,并必须具有社会控制功能(包括鼓励、推进行为向着权威部门、管理层、组织和民众期望的方向发展)。政治家通过结构性的资源进行博弈并实现其目标(包括意识形态的目标和政治目标两类),但这些目标对社会和法规而言并不是必要的。由此,他们创造了一种对特定的社会服务和利益的依赖途径(比如法规、金钱、影响力等)。在追求政治成功时,决策层有时可能只会制定新的政策,避免做出任何超出他们职务任期或其政治影响力的决定。[29] 受稀缺资源的影响,这种现象有进一步加剧的趋势,这将会导致组织体系的混乱与法治体系的崩解(民众面临司法风险,以及司法系统的腐败)。

第四,信息。当前的政策是一个**沟通**的过程,而影响力和权力最基本也最常见的资源就是**信息和知识**。[30] 这一**政治手段**有助于意识形态的

---

[28] R. Sutton, *The Policy Process*…, op. cit. p. 26 and next.
[29] N. Luhmann, *Political Theory in the Welfare State*, de Gruyter, Berlin 1994.
[30] A. Toffler, *Powershift: Knowledge, Wealth and Violence at the Edge of the 21st Century*, Bentam Books, New York 1990.

传播，帮助决策层确定利益所在，推进决策过程的顺利进行。对诸多组织机构而言，特别是官僚机构，权力来源于对信息的掌控，以及不同层级间[31]知识的传递。因此，信息和知识的传播常常比其他任何资源的分配更为重要，而需要注意的是，这种传播可能并不总是为个体或群体利益服务。这种制定政策的方式或体现权威的过程，可能被民众视作控制社会意识的手段，同时也为满足社会需求描绘虚伪的图景，并通过相同或相近的手段体现各方的社会利益。[32]

每个"I"要素能够和其他所有要素产生互动关系，这将推动政策制定过程向新的方向发展。

总而言之，对面向老年群体的社会政策及相关项目（4P）而言，它们在很大程度上受到利益集团（比如医疗器械厂商、药品厂商、老年组织等）的影响，植根于特定的意识形态之中（左派、中间派、右派，社会运动，市民社会），建立在老龄项目和组织结构的支持基础之上（系统的解决方案，政策优先性，社会结构等），以及信息的共享（接纳、忽视或排斥专业知识）和政策项目的实现基础之上。4I要素（决策的基础部分）的功能发展越不符合普通民众的需求，则4P（策略性目标）内涵得以充实的可能性就越小，这可能导致涉老政策中的介入性项目（对老龄问题的工具性、官僚性的处理）占据主导地位，并把老年人排除在老龄政策的制定过程之外（构建"不分年龄人人共享"的社会所面临的困难）。

通过"传统方式"，即单纯在某一方面提高投入来增加社会资源的做法，现如今不论是在本地还是全球，基本都快行不通了。这导致人力资源被视为未来社会和经济发展最为重要的资源。因此，当前社会政策的相关者必须注重改变：他们必须更加注意为老年人提供医护和社会安

115～116

---

[31] N. Luhmann, *Political Theory in the Welfare State* op. cit.; A. Toffler, *Powershift: Knowledge, Wealth and Violence at the Edge of the 21st Century*, op. cit.

[32] T. Atlee, *Transformational Politics*, London 1999, www.co-intelligence.org/CIPOL_TransformPol 2.html, p.1 [accessed 25.10.2011].

全保障。

　　社会建立在人际关系的基础上，在各种中介结构——家庭，邻里，本地社区，以及经济、社会、政治和文化联盟——以上均为自治组织——之中持续/循环。很久以前，许多国家就逐渐把责任和关注点转向主要满足公共机构的庞大且相对重要的需求。现如今，是时候重新拾起（维护）那些已经失去的美德了，特别是自我照护和对他人的照护，而它们曾经被人们所抛弃（失去）。

　　基于以上原因，未来面向老年人（特别是弱势群体）的支持和照护体系，需要对老年人所可能得到的福利和面临的风险，进行审慎和精准的评估。这是由解决方式（家庭系统和公共机构之外的、一种拓展的、包含服务和收益的商业化市场将会出现）的可获得性、复杂性、多样性越来越强所导致的。这些改变必须伴随着整合的、部门内相互合作的方式而出现，以实现经济和社会的政策规划。

　　面向老年人的整合性、整体性的社会政策框架，其发展速度比医护、社会保障、教育、旅游等方面的政策框架更慢。它通常是失衡的部门政策（健康、文化、教育等）的产物，也常成为阻碍老年社会政策，宏观社会政策和发展政策中的社会项目相整合的桎梏。㉝

　　我们必须认识到，全球人口老龄化为面对在社会生活各方面（家庭、本地社区、更大的社会组织）都在不断增长的老年人的需求创造了条件和必要性，这要求各方面的政策（人口政策、经济政策、健康政策、社会政策等）做到协调一致，也要求国家制定一系列项目，在组织资源、公平分配、适切的干预方式、长期照护子系统（可获得性、持续性、志愿照护和专业护理、公共和私有资金支持）、保护老年民众（特别是贫困老人和残障老人）的公民权方面做到平等对待，一视同仁。

㉝ 参考 *Report of the World Assembly on Ageing*, Vienna 26 July – 6 August 1982 （UN publication, no. E. 82.01.16, VI, A, par. 49）。

三 老龄政策的策略与危机应对项目

> 智者创造机会，而不是等待机会。
>
> ——弗朗西斯·培根

所有的政策都必须在决策制定和目标达成㉞方面采取相应的**策略**。策略包括重要的决策类型，达成目标的必要性，还包括资源的分配方式，并针对政策应用的需求做出恰当的决策。政策提供了一种框架，即概念性和应用性框架，在此框架中，以引入性任务㉟和组织性目标的名义，能够形成并应用既定的策略性视角㊱。任务旨在减少不确定性和未预期的事件的发生，同时，也能够在外部组织结构的框架下，有效应对外部因素所带来的改变。

因此，就老年项目的第二层而言，它一方面包括老龄化政策的策略性内容。而另一方面，它也包含了老年社会政策的应急性项目：从注重预防老龄化，到保护老年人的社会状况，再到为身陷失去自我、健康和社会安全问题的老人提供支持。

面向特定群体的紧急项目，包括诊断（老年健康和社会地位）、基础设施（老年病护理系统的资源和功能发挥），以及老龄政策在本地、国家和全球的最优化实践（见图7）。

117－119

㉞ 战略，来自希腊语 strategia，原意为军队领导力，通过分配与应用军事途径以消灭敌人。从商业角度来说，战略常常在必要资源不足时发挥作用；战略的目标就是对现有资源的利用最大化，以取得竞争优势和资本，并对可接受的风险进行资本化。

㉟ 任务是一种宏观理念，它主要是为了解决在视角维度下的各种事宜。任务能够界定，为了满足终极目标，必须做哪些事情，也包括在推进改变发生时，所需要采取的途径。任务是应然与实然之间的桥梁，它并不会对现实的所有层面产生直接影响，而重视最可能产生期待结果的影响要素（成本效率的要求——利用现有资源以达成目标）。

㊱ 视角（Vision）即通过完成基于特定价值观的任务，以获得期待的结果。它可能由对当前状况的不满所引发，它应当是真实的，设计鼓励性的/冒险性的解决方式，并具有鼓动性功能。视角常常建立在精准的预估之上，并包含一系列解决方式，以保障所期待的改变，自我规划的工具，和机构秩序能够得以顺利实现。

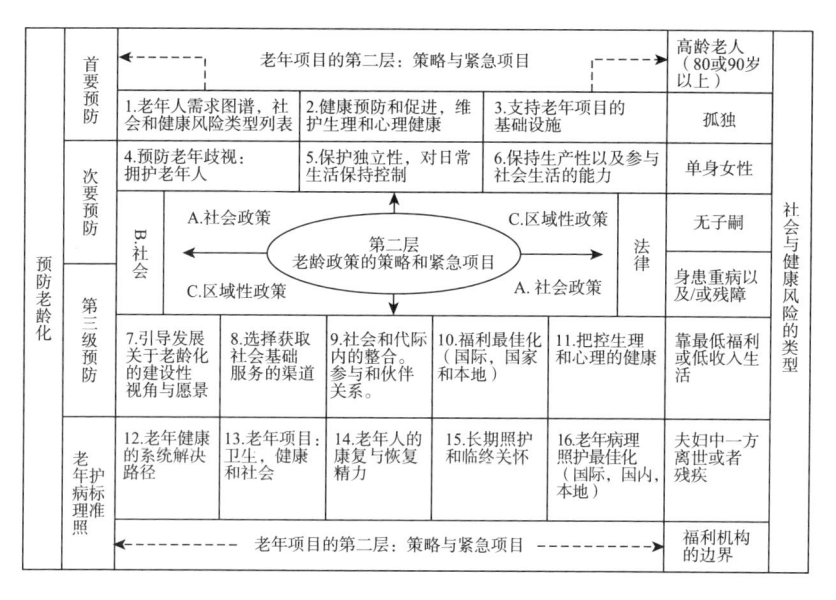

首要预防	←----	老年项目的第二层：策略与紧急项目	----→	高龄老人（80或90岁以上）	社会与健康风险的类型
	1.老年人需求图谱，社会和健康风险类型列表	2.健康预防和促进，维护生理和心理健康	3.支持老年项目的基础设施	孤独	
次要预防	4.预防老年歧视：拥护老年人	5.保护独立性，对日常生活保持控制	6.保持生产性以及参与社会生活的能力	单身女性	
预防老龄化	B.社会 A.社会政策 C.区域性政策 第二层 老龄政策的策略和紧急项目 C.区域性政策 A.社会政策 法律			无子嗣	
				身患重病以及/或残障	
第三级预防	7.引导发展关于老龄化的建设性视角与愿景	8.选择获取社会基础服务的渠道	9.社会和代际内的整合。参与和伙伴关系。	10.福利最佳化（国际、国家和本地）	11.把控生理和心理的健康	靠最低福利或低收入生活
老年护病标准理照	12.老年健康的系统解决路径	13.老年项目：卫生，健康和社会	14.老年人的康复与恢复精力	15.长期照护和临终关怀	16.老年病理照护最佳化（国际、国内、本地）	夫妇中一方离世或者残疾
	←----	老年项目的第二层：策略与紧急项目	----→	福利机构的边界	

图7 老年项目的概念框架，"工具盒"的第二层

资料来源：作者整理。

针对老龄化的社会政策的制定和实施应当包括——取决于当地环境——如下四方面关键策略[37]：

——紧急救助（干预——消除缺陷，解决当前问题，确认当前问题并满足需求）；

——对事件的预判［安全——预测到特定个人或群体将会发生哪些（不好的）事情，并防止其发生，定义老年人的活动和生活独立性所包含的区域］；

——获得的机会/失去的机会公式（对发展的补偿——保障，以及/

---

[37] 本文所提出的支持战略模型图，是受到塔德乌什·夏目里斯的社会政策四模型启发而得来：社会干预（消灭短缺、不足和消极的社会氛围，释放社会压力），社会预期（采取行动以预判威胁），社会分配（根据社会的偏好，重新分配社会产品和服务），社会整合（能够推进整合，并消灭/舒缓/中立化社会崩解的相关要素）。参考 T. Szumlicz, *Modele polityki społecznej* [Models of Social Policy], Monografie i Opracowania nr 376, SGH, Warsaw 1994。在对夏目里斯的理论模型进行深入思考后，笔者依然认为，本书所提出的理论模型，应当是社会政策的整合性理论的一部分，这种社会政策主要应对社区/地区/国家问题（受到资源、系统和社会基础设施的影响）。

或者根据当前社会策略和立法基础,对经济和社会状况的保护/修补);

——合作(参与——社会整合,优化条件,在决策过程中支持民众和机构的参与,落实任务和目标)(见图8)。

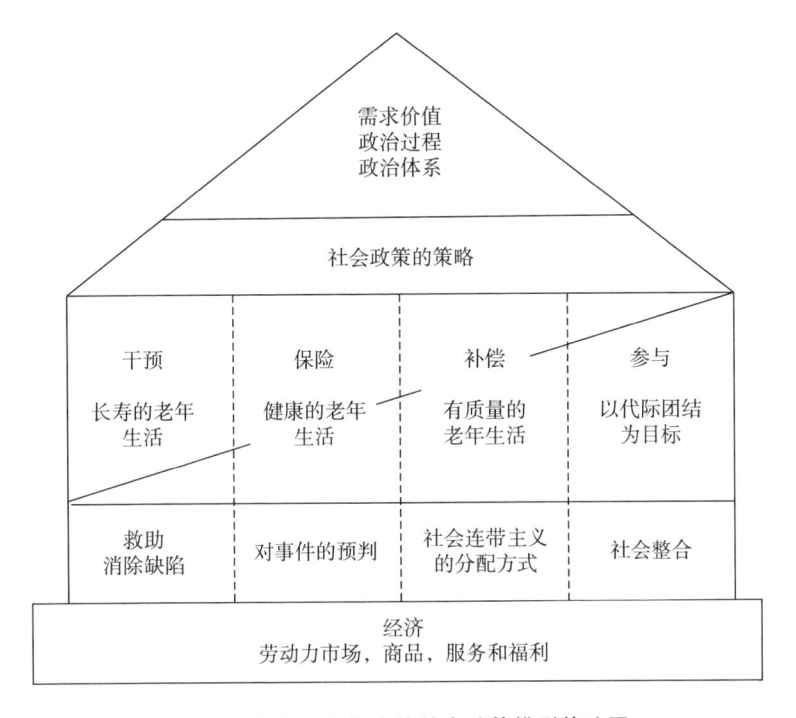

```
         需求价值
         政治过程
         政治体系

        社会政策的策略

  干预      保险      补偿      参与
 长寿的老年  健康的老年  有质量的    以代际团结
  生活      生活     老年生活     为目标

  救助     对事件的预判  社会连带主义   社会整合
 消除缺陷              的分配方式

              经济
       劳动力市场,商品,服务和福利
```

图8 老龄化和老年人的社会政策模型策略图

资料来源:作者整理。

面向老龄化和老年人的社会政策,包含四种基本策略,其内涵如下。

1. 长寿的老年生活(Adding years to life)[38]——短期的,**干预性-保障性的策略**,旨在消灭短缺,解决缺陷和社会经济问题。社会福利能够完善社会保障体系,并针对在收入方面面临低于社会保障线的特殊人群。紧急救助应当包括基于补充性原则的,国有部门和社会保障系统的其他要素的不同的数据库,应急/安全/保障项目。[39] 该策略的目标,是

---

[38] 以上策略的名称来自联合国于1991年至2011年之间开展的一系列项目。
[39] 政府当局主要关注不能被转嫁的任务,以及被民众认为应当由政府来承担的任务。剩下的公共权力(税收、制度、解决方案等)是应由政府承担最起码的责任。

保障有依赖性的老年人及其家庭的生活质量以及正常运作，同时还包括对暂时处于困境的人/群体施以援手——特别是贫困、无助、面临被排斥或边缘化风险的老人。该策略还包括行动，即为老年人提供保质保量的食物、安全设备、安全用药、日用化学品，以及能够获取医护服务和各种各样的设备、电器用具和义肢，以能够使老人过上独立的生活。该策略也包括重建/发展复杂但具有普适性的，不受个体、地域和经济限制的，适应医疗卫生事业发展的健康照护系统。预防性的措施主要是预防高龄化给老年人所带来的疾病，这会加速衰老的进程，以及/或者生活独立性的丧失。它们还包括在老年人发生越轨行为，以及老年人成为虐待和暴力的受害者时进行干预。

2. 长寿的老年生活——中期的**保障性——补偿性策略**（5～10年），这一策略基于防御性和促进性的措施而构建，主要面向对老年人不友好的现象、事件和过程，特别是在健康领域。这种策略也包含干预性措施的要素，尽管是被修改过的。它们的角色就是分辨老年人和社会环境之间的失衡，并使其最小化并/或移除，同时，帮助老年人重获/增强他们的潜力，以及他们所从属的群体的潜力（**社会工作**）。这一策略的目标，是为老年人提供自由选择的机会，以及让他们可以在熟悉的社会环境中独立生活。预防性的措施，包括预防早期性和病理性衰老，同时对遭遇早期性衰老风险的中年人群予以关注（保护他们使其免于疾病和并发症的困扰）。策略还包括针对老年人项目的新优先对象——儿童和少年。儿童期被认为是生命的摇篮，而当前的青少年则是社会政策的重要目标群体，他们需要新的知识和技能，而且必须学习相关行为，这能够使他们在进入老年期时，拥有健康的体魄、良好的经济地位、足够的收入，以及储蓄的习惯和来自家庭与社区的支持。当针对老龄化和老年期的社会态度发生转变时，个体必须及时调适以适应这些变化。

3. 有质量的老年生活（adding life to years）——一种长期的**补偿性—参与性策略**，它基于之前创造了健康和积极老龄化，以及自我照顾能力的前瞻和资源的预防性项目。这一策略包括允许老年人从事显著的、有生产价值的社会角色。这些行为被设计为可以提升/保持老年人的生活质量，特别是"高龄"老人，保障健康，同时维持工作的能力，提升老年就业率，增加退休金与退休金系统的稳定性。此外，还包括为养老院中的老年人提供适切的照护，在老人们决定在机构中的生活方式时，尊重其隐私，鼓励其参与。

4. 发展代际团结（developing intergenerational solidarity）——长期的**参与—整合性策略**，该策略被认为**很快就会成为主流**。它基于不分年龄人人共享的社会理念而提出，并整合结构性的功能、政策和计划，与全体民众的需求、能力和技术相适应，在共同性和平等性的基础上，激发并利用代际的潜能为所有人群谋福祉。在这一代际整合的过程中，每个群体都会利用其独有的资源和技能来强化社区及社会成员。老年人应当从与年轻人的关系中受益，他们应当被誉为是承载了文化传统、价值观、行为模范和生活经验的群体。老年人被包括在满足需求和解决个体与社会问题的过程之中。老年人为他们自己代言，并参与到制定与其相关的政策过程之中去。老年人在社区生活中的参与，和社会生活的各方面紧密相连，特别是劳动力市场、自我教育和公民教育。这一策略的目标是促成相关态度的转变，这将推动对所有年龄阶段的认同感和满意度，并促进老年人把社会空间视为己有观念的产生。

121～122

尽管在社会生活组织的各个层面，都应当采用特定的策略，但是在本地级别和"中央"级别方面，还是有差别的。

1. 社会生活组织化程度越低，就有越多直接的行动来满足老年人需求，并解决因老年人数量不断增长而带来的社区问题；就有越多的工具提供给社会政策的受众，来帮助改变老年人的生活状况，或者帮助个体/家庭过上独立的生活（社会政策和社会保障必须做更多的工作）。

2. 国家组织化程度越高（中央，地方），社会政策就越有可能包含权衡发展机遇和建设管理框架，这就是老年项目的基础架构（通常被称为社会政策主导力）。

因此，保障和补偿性的策略，是国家在议会和政府层面发挥作用的直接体现，而干预性和参与性—整合性的策略，则根据辅助性原则来制定，并主要由本地政府部门、当地的社区机构和组织所采用。

专家认为，健康与积极**老龄化**㊵的生活模式，应当在人生发展的最早期阶段就开始培养（从孕期开始），还包括在家庭和社会生活中的参与、平衡与健康的饮食、适应能力发展的身体活动，以及戒烟戒酒。应通过推广健康生活项目来促进健康和积极老龄化，发展有利于健康的环境条件，综合利用个体和环境资源，使老年人的依赖性最小化，同时还包括推进积极的老龄化形象的发展。

从预判教育的影响这一视角来看，青年是其最重要的组成部分，因为青年群体需要新的知识、技能和能力，也因为他们想在进入老年期时，有着健康的身体、良好的经济状况，同时获得家庭和社区的支持。青年人需要时刻更新与老年人健康有关的知识，这些知识包括生活模式、艰难困苦和环境污染的长效影响。㊶构建健康与令人满意的老龄化，并阻止早衰性老龄化，已被纳入世界卫生组织的全球计划㊷，这也首次体现了这一政策所蕴含的道德价值（人权）。这一项目的宗旨是：**保护每个人全生命周期的健康**。这一理念也被贯彻到很多国家的项目之中（主要是富裕国家），在生命的早期阶段，采取多样化的行动，为健康和积极老龄化做好准备。

所有这些内容，都应当能够有助于社会（对老龄化的态度、保护老年人的社会状态等）和组织（法律、政策、支持系统）的发展。如此一来，应对改变的策略会更有弹性，也能增加个人的自尊感，并相信个人能够在生命各阶段有的放矢地做出个人选择。㊸

考虑到身处老龄化阶段中的人，在身体功能变化的阶段、范围和程

㊵ 健康与积极老龄化，是与个体发展、生活期待等有关的生理、社会与心理状况的最理想状态（笔者认为根据对老龄化的普遍认识，还应当加上生活质量这一内容）。The International Journal of Public Health, Bulletin of the World Health Organization, Geneva 26.10.1999, p. 1.

㊶ 同上。

㊷ "民众健康与福祉，就是社会与经济发展的终极目标"，*Health for All in the 21st Century*, p. 4。

㊸ 专家们指出，在推进积极老龄化和预防老年孤单与隔离方面，应当保持适度的平衡。要避免走极端，过于推崇老年活动可能会超出部分老人的实际能力。这一观点特别强调退休后的老人再就业和老人身体活动。

度方面均有差异，同时影响老年人健康和社会状态的经济和社会要素也会发生变化，我们据此有必要设计不同的预防性项目[44]，以适应不同类型的老年人。这些项目应当提供在紧急条件下的干预措施（第三方预防措施），不过，预防性或保护性的措施（首要预防措施），或者那些构建起老年人健康的措施（次要预防措施）似乎更重要一些。

123～126

表5 老年预防项目I——内容、目标和行动

首要预防		
面向对象	目标	行动
两种对象： 1. 把社会作为整体——对全体民众（依然具有生产力的年龄）和接近退休年龄的老人（50～60岁）采取略有差别的行动	1. 针对如下方面提升社会敏感度和意识度： ——人口衰老的规律和结果； ——老年人平权，特别是在公共生活参与中的权利平等； ——对老年人社会地位和角色的威胁，把资源放在实体和社会结构与立法体系之中。 2. 形成并宣传全年龄健康生活方式（健康促进）。 3. 确认人们所面临的主要健康威胁以及所具有的资源，特别关注劳动年龄人口的此类问题。 4. 提升人口的心理和生理健康，特别是对高产出的年龄段而言。 5. 减少宏观的残障率，包括慢性疾病。 6. 老年期经济安全的基础是减少，并/或者消除社会不平等。 7. 为面向老年人的组织提供公共空间。 8. 为抵制对老年人的歧视提供结构和基础。	1. 在社会意识中创造关于老龄化的真实形象（面向教育机构的促进项目、同龄群体的社会化、NGO活动、媒体、教区社区的活动等）。 2. 重新打造教育机构和劳动力市场，允许老年人在退休后继续工作。 3. 成人教育（终身性学习）理论和形式的多样化发展（年龄、状况、性别等）。 4. 依法保护老年人社会状况，生活质量和生活条件。保障老年人在公共生活中享有平等的参与权（立法反对老年歧视，发展助老机构）。 5. 宣传与应用健康促进和预防性项目（慢性疾病、体虚无力、成瘾、学校、住所和工作环境的健康问题）： ——评估并减少威胁健康的要素（削减并/或者放弃成瘾药物，检查高血压情况，预防情绪低落等不健康状态，预防接种）； ——生活方式的调整（饮食，活跃的生活方式，生理活动等）； ——监控人口的健康问题（心血管疾病、卒中、肿瘤、营养不良、骨质疏松、流感、肺炎球菌疾病、破伤风），预防事故，伤害和自杀。

---

[44] 预防排除了可能对老人不利的现象、状况和事件，以及威胁个体和社区发展的内容。预防性的措施旨在防止消极事件的发生，包括即将发生的和正处在早期阶段的问题（未雨绸缪）。

续表

首要预防		
面向对象	目标	行动
2. 处于中年期的健康人群，但面临着早发性衰老的危险	9. 阐明/采用针对特定年龄类型的评估（医疗监控，筛选试验，监测在体质健康和体态健康方面的早期变化）。 10. 减少/消灭威胁健康的源头（特别是导致慢性疾病和效率下降的风险）——发展/引入一系列项目来减少在工作环境所面临的健康风险。避免受到中年期疾病并发症的影响——针对疾病早期确诊的筛选试验的发展/应用。预防早发/病理性衰老。	6. 对如何改变生活方式提供咨询服务与工具——促进积极的康复，培养良好的个人喜好，开展智力休闲活动等。 7. 注重教育，以： ——帮助民众增加/保持对自身生命的掌控力（自我控制、自我照护、自我扶助）； ——拓展对不同生命阶段心理和生理状况的理解。 8. 大力发展/推广预防性项目，以减少工作环境中所存在的健康威胁。 9. 定期健康检查（加上自我控制） ——促进中年人群的预防性健康行为（特别是面临高健康风险的群体）。 10. 老年学教育（为退休做好准备）。

资料来源：作者整理。

多年以来，许多欧洲国家纷纷采取措施，在生命早期阶段就着手准备积极老龄化。如果没有发展和强化健康潜力的相关促进措施，则"首要预防"是不可能实现的，健康促进[45]让人们增强对健康的控制，获得更高的幸福感，这能够使人们分辨、控制和解决健康问题，它也会延缓疾病发生，并克服病痛——促进项目的基础，是发展出充分的社会与经济条件，这对提升社会健康而言，是很有必要的。

当前，对预防老龄化的理解，还包括终身学习，以创造出受教育的老年人口，同时，通过在工作地点推进终身教育，以及提升新技术、社会服务教育，保障在老年期的收入，能够有利于终身学习的进一步发展。

---

[45] 健康促进包括了全人口（参与，发展民众的责任意识），因此部门间的合作是很有必要的，包括国家政府和本地政府在提供健康生活条件方面的责任。在这一过程中，健康照护承担着"发言人"的角色，并且是健康教育的核心对象。

预防性的项目基于理论而提出，并由代表性的研究证实，即生理的衰老是普遍现象，而其大部分症状都是可控的。老龄化所带来的疾病症状，包括心脏收缩压问题、心脏储备力问题、骨质疏松症、葡萄糖不耐受问题、身体力量和忍耐力问题、肺活量下降、体内胆固醇升高、牙齿松动、反应时间延长、记忆能力下降，以及 IQ 问题，这些都能够通过合理膳食、体育锻炼、控制体重和健康状况以及心理锻炼等来实现。[46]

首要的预防任务面向社会全体成员，但特别针对中年人，他们应当对老龄化所带来的问题，以及老年期的健康风险未雨绸缪（见表5）。

当前大多数疾病都是由个人原因而导致的（知识、态度、行为、生活方式等），也/或者受到社会，共识（居住条件——贫困与奢侈、自然环境、社会生活组织、社会安全体系——包括健康保障在内）等方面的影响。健康模型即便在治疗急病方面有用，在应对慢性疾病方面却依然是收效甚微。因为在健康和生活质量方面，有太多凭借药物而无法解决的问题——它们主要存在于文化和经济层面，也存在于面向老年人的本地、国家和国际（包括健康）政策中。因此，之前的老年病等项目，主要关注老龄化的非正常方面，其成效事倍功半。因为大多数老年病其实是在老年期之前就会有征兆。同时，发病机理模型在解释健康变化方面，并不能很好地应对全球老龄化所带来的问题，不仅如此，它还可能引来社会高层（也包括医生和政客）的批评，认为人口结构的改变，是导致问题的唯一原因。这种悲观主义不仅有害，也欠缺事实依据（老人也具有价值），也因为它阻碍了有效的社会与健康政策项目的发展（导致治疗的虚无主义），以及相关福利与服务的发展（包括康复和复苏）。

126－128

---

[46] 美国老年学家 Fries 和 Crapo 提出了关键性的发现，指明不可避免的老龄化症状其实寥寥无几。参考 J. Fries 和 L. crapo, *Vitality and Aging. Implications of the Rectangular Curve*, W. H. Freeman and Co., San Fransisco 1981。

表6　老年预防项目 II ——内容、目标与行动

	次级预防	
面向对象	目标	行动
患病的老年人： ——加速老龄化过程 ——导致失去生命的独立性	1. 在"后生产性"年龄段对健康进行监控——对老年人健康潜力和体态健康进行客观评价。 2. 针对生理和心理疾病，功能异常和残障以及高风险群体所处的社会环境进行评价——社会医疗档案进行检测与归类。 3. 对患有慢性疾病以及/或者功能异常，存在缺陷或者残障人士所面临的限制功能发挥的障碍进行分类。 4. 减轻疾病的影响或预防疾病复发。 5. 保护老年人获得医护服务的权利，并提供社会支持——反歧视行动。 6. 分析老年人的社会地位，预估社会资源和支持系统。 7. 发展/引进指引系统和老年病照护系统。	1. 在老龄化各阶段进行定期心理检查（特别是抑郁和认知失调检查），以及生理健康检查（特别是周期性的视力和听力检查，乳房 X 射线检查，男性前列腺检查）——对影响老年人体质健康和体态健康的生理—心理—社会影响要素进行评估和分析。 2. 针对两类老年人，认真设计并激活预防性项目和行动： ——60~74 岁人群， ——75 岁及更高年龄的人群。 3. 发展/引进早期检查系统——特别是针对会导致效率丧失的疾病。 4. 对面临较高失能风险的老人进行健康情况和社会功能建档（医疗的、康复的、复健的）。 5. 对经历了威胁自身生命、健康的事件和长期身处不幸的老人进行项目支持。 6. 防止错误的、毫无根据地强制老人在养老院居住。 7. 发展老年学教育。

资料来源：作者整理。

因此，必须重新评估药物的使用，并采用新的预防措施。对疾病诱因做到早发现是不够的[47]，而是**必须预测与防止这些诱因起效**。这就是**次要老龄化预防项目**，其主要目标瞄准导致老龄化进程加速以及/或者导致老人丧失生活独立性的疾病。

世卫组织的专家[48]建议，面向 75 岁以下老年人的老龄项目，在预

---

[47] S. Flanzer, S. Lash, *The Role of Prevention in an Aging and Disability Resource Center*, Aging and Disability, An Initiative of the U. S. Department of Health and Human Services, Technical Assistance Exchange, 2010, www. adrc-tae. org ［accessed：1. 09. 2012］.

[48] 关于发展老年健康项目的趋势，可以参考 R. Chernoff, D. Lipschitz, *Health Promotion and Disease Prevention in the Elderly*, Raven Press, New York 1988; A. Stabb, M. Lyles, *Manual of Geriatric Nursing*, Gleneview, London 1990; J. Michel, P. Hof, "Management of Aging. The University of Geneva Experience," *Interdisciplinary Topics in Gerontology*, 1999, vol. 30, pp. 1 - 11; C. Estes, K. Linkins, "Critical Perspectives on Health and Aging," in C. （转下页注）

防性措施方面应当注重在生理、心理和社会层面上延长老年寿命,尽可能消除导致老年残障和不适的各种长效、生理、心理和社会原因,并在老人迈入退休期之前就做好相关准备工作。

针对75岁以上的老年人的项目,应当关注真实活动的最佳化,以及尽可能久的独立生活,而不是一定要到机构养老。这些项目应当尽可能舒缓因为慢性疾病而导致的生理和心理压力(为病人和他们的家庭提供情感支持)。上述健康预防的目标,应当通过大量专业的健康服务和福利性的老年疾病项目而实现(许多国家已将这些目标设为标准)。[49]

个人、家庭和社区承担着追求自身健康,并预防疾病的责任,但这并不意味着国家就应当置身事外,对影响个体生活质量和健康安全的条件置若罔闻——特别是经济、工作、教育、食物与营养、运动和休闲等关键方面。因此,预防性项目的发展与管理,需要相应的策略,即在健康保障方面,不仅包括老年人,还应当包括法理层面的合作者,特别是那些潜在的"竞争者们"(在微观和宏观层面)。

"第三级"的老龄化预防(预防Ⅲ)涵括了与**良好的病理照护**[50]有关的全部内容,不过这一预防性的领域同样也包括了与健康无关的项目,比如针对被边缘化的老人,患有严重健康疾病和效率下降的老人,防止其受到社会排斥;也包括为很有可能失去生活独立性的老人创造条件提供照护(见表7)。

(接上页注[48]) Harrington, C. L. Estes (eds.), *Health Policy*, Jones & Bartless Publishers, Boston 2008, pp. 97 – 101; G. L. Albrecht, L. Verbrugge, "The Global Emergence of Disability," in G. L. Albrecht, R. Fitzpatrick, S. C. Scrimshaw (eds.), *Handbook of Social Studies in Health and Medicine*, London 2000, p. 154 and next; C. Michaud, "The Global Burden of Disease and Injuries in 1990," *International Social Science Journal. Health Policies and Social Values*, 1999, no. 161, pp. 287 – 296。

[49] 参考 A. Somers, "Preventive Health Services for the Elderly: Growing Consensus," in R. Chernoff, D. Lipschitz (eds.), *Health Promotion and Disease Prevention in the Elderly*, *Aging Series*, vol. 35, Raven Press, New York 1988, p. 22。

[50] A. Jain, A. Bhatt, *Care of the Elderly in General Practice: A Guide to Geriatric Care*, 2010, oldage-solutions.blogspot.com/2010/02/prevention-of-disease-in-elderly.html [accessed: 20.09.2012]。

表7　老年预防项目Ⅲ——内容、目标和行动

第三级预防		
对如下特殊人群的行动： ——有功能障碍的 ——患慢性病的 ——有残疾的 ——心理-社会独立性存在问题症状的 ——存在无助性特征 ——社会主流之外的功能（边缘化，排斥，孤立）	1. 健康领域： ——预防疾病或者残障所导致的副作用（预防首要残疾向次要残疾的转变） ——延长独立自主生活的时间段 ——避免强制使残疾人到机构生活 ——避免不必要的住院治疗 ——针对不同疾病类型，实现多样性照护 ——早产儿死亡率下降 2. 社会领域： ——老年人发生社会越轨的风险降低 ——老年人被社会排斥、边缘化和/或隔离的数量减少 ——支持慢性病/持久伤害的人群的照护者	1. 促进/支持/引进相关项目，以能够实现如下目标： ——对因慢性疾病而导致的被动消极或者心理不适问题，将其影响最小化 ——保护高龄老人的健康，为其提供治疗方案 ——为处在危机中的老人及其家庭成员提供帮助 ——为患病的老人及其家庭/照护者提供机构和情感帮助 2. 定期进行骨科、视力和听力检查，检查失忆症和上瘾情况（主要是酗酒）。 3. 推广保持生活独立性的项目，包括维持自我控制、自我照顾和自我帮助的项目。 4. 对身患重病/严重残疾的老人进行定期上门探访（首要目标：高龄老人的家庭，特别是住在自己家中的高龄老人）。 5. 对老年人及其家庭提供咨询服务，使他们做好与疾病/残障共同生活的准备。

资料来源：作者整理。

欧洲的社区组织和机构均认为，老龄项目应当为老年人提供多种可选的养老方式：在自己家中养老；在亲戚朋友家养老；或者如果有必要/老人要求的话，在合适的养老机构中度过余生。[51]

考虑到所谓的**滚入平均成本法**（rolling costs），与健康有关的预防性和促进性的项目，总是能够带来显著的收益——就财务而言也是如

---

[51] 波兰老年病学家在2003~2005年间，提出了针对老年人的各种医护服务，不过这依然只是一种设想，并没有应用于健康照护系统中。问题在于，在照护老人的过程中，内科医生和老年病医生的角色定义不清。参考 J. Derejczyk, T. Grodzicki, A. Jakrzewska-Sawińska, A. Jóźwiak, K. Wieczorkowska-Tobis, Z. Woźniak, "Standardy świadczenia usług medycznych w specjalności geriatria" [Service Standards in Geriatric Medicine], stanowisko Polskiego Towarzystwa Gerontologicznego, Kolegium lekarzy specjalistów geriatrii w Polsce i konsultanta krajowego w dziedzinie geriatrii, *Gerontologia Polska*, 2005, vol. 13, no. 2, pp. 67–83.

此[52]，尽管相关文献对此颇有争议。对这些健康促进和预防性的项目，特别是预防老龄化项目提出反对之声的，大多是经济学家。不过也有来自不同权力层级的政策制定者、保险业的官员、学者和医生提出批评和质疑，特别是那些涉及传统的、介入性医学治疗[53]的从业者。与这一主题有关的讨论，常常对成本—收益方面有太多顾虑，意图证实预防不仅不会降低，而事实上会增加开支，这会超出当前的治疗进程的成本。

对预防性项目的批评通常会使用两种经济学的观点。首先，并不能认定预防这一方式可以节省开支。其次，即便可以，这一过程也可能太为漫长所以不划算。[54]这些实践甚至还阻碍了更廉价的项目的引入，因为项目的制定者们不能每时每刻都证实项目是有效的（项目申请期太短）。

在影响健康促进和预防性项目方面，还常常有着隐形的阻碍，使其难以得到广泛的支持，这一障碍就是政府部门，特别是基层部门常常只有一届任期。并不是因为民主制度本身导致了这一障碍的形成，而事实上是因为政客们不能/不愿意推动可能超出他们任期的制度改革。为什么要花力气去做不会给自己带来政治利益的事儿呢？

所有上述障碍，都使得采用"**预防比治疗更好**"这一原则举步维艰，当采取面向老年人的促进性和预防性措施时，其困难程度尤为明显。这是一个"邪恶的怪圈"——老年人一旦患病，则病期比其他人都要长，这会大幅提升照护成本，同时，原本可以通过在生命早期改变生活方式，并引入健康保障机制来解决问题，但结果却什么都

---

[52] D. Goldman, D. Cutlery, B. Shangz, G. Joyce, "The Value of Elderly Disease Prevention," *Forum for Health Economics & Policy*, 2006, vol. 9, no. 2, art. 1 (Biomedical Research and the Economy); R. Besdine, *Approach to the Geriatric Patient: Evaluation of the Elderly Patient*, 2009, www.merckmanuals.com/professional/sec23/ch340/ch340c.html [accessed: 14.11.2011].

[53] 自由与公民权的要主义者—调停者对健康促进和疾病预防颇有微词，并把它们视作对选择自由的干涉——对健康而言并不是必要的（自由选择而不用承担责任）。而愤世嫉俗者讽刺说促进和预防唯一的价值就是让人们死的"更健康点儿"。

[54] A. Somers, *Preventive Health*…, op. cit., p. 17; R. Kane, "Empiric Approaches to Prevention in the Elderly: Are You Promoting Too Much?", in R. Chernoff, D. Lipschitz (eds.), *Health Promotion*…, op. cit., p. 161.

没做。⑤

我们必须在基于同步要素和数据的基础上，采取一系列分析性的策略，这会有助于在确认老龄政策的目标及其领域方面起到**开放性平衡**的作用。因此，为构建老年社会政策的新结构而做的准备工作，应当聚焦于研究和分析等方面，以描绘高龄老人的**需求图谱**，并区分不同类型的老年人，特别是**最脆弱的老年人**，并对个体/家庭的潜力，以及本地社区的支持进行界定。

对老龄化设想的辨别，依然经常被单向度的、关于老龄化的极端认知所影响。老龄化和老年期要么被视为一幕独角戏，充斥着苦痛和无助，只能从缺陷和病理学视角进行分析，高龄老人的生活，医护和照料成本不断提升（老龄化的医学形象）；要么，老龄化的形象被过于乐观的老龄化模式（老年组织的特征）所左右，这对客观评判老年人的状况和潜力几乎毫无用处。这两种界定与展现老龄化、老年期的方式，都不适用于构建提升/维持人类生命晚期的生活条件和质量的合理的项目。

由此，相比把老年人看作是**同质化**的群体，更应当优先考虑老年人的**异质性**。后者使得研究老年人的社会经济地位和健康状况很有必要，同时还必须关注解决老龄化问题有关的资源、潜力和阻碍。

受"弱势群体"的影响，老年人的体质与体态健康情况越差，那么就越应当在社会政策中采用干预性的措施。此外，也应当对面临边缘化和社会隔离风险的老人采取干预性和补偿性的措施，以及对最贫困的老人提供安全保障性的策略。

今后，老年项目应当和面向未来世代老年人的社会政策紧密整合，同时还应当对已退休的老人提供务实的照护措施。为了实现老年人的社会平等，要求起码有老年事务咨询组织，老年事务委员会和老年议事会（"银龄立法院"），这能够对本地社区的重要事项产生影响，特别是和老年人有关的事宜。

---

⑤ 上文所引用的世界卫生组织专家的观点，还预测了因心血管疾病和肿瘤而导致的残障和死亡问题。通过预防事故和伤病，健康促进有望使老年人的寿命延长 3~5 年。

毋庸置疑，针对老年人经济地位的项目总能被优先发展（政治的主要任务/决策制定的"中心"），特别是能够有效利用50岁[56]以上的大量"准老年人"，并使他们处在就业状态（也包括打零工）的项目；以及那些关注不同的储蓄方式（比如合作社），以及使用新技术来增强老年人的生产力以及国家收入的项目。"中心"的任务也包括采用主张人口生育的政策，以促进高生育率，或者推行吸纳移民的政策。

只要恰逢其时、恰逢其需，我们始终有必要从财政角度提出解决方案。作为除传统的社会保障之外的第二条道路，此类方案能够帮助老年人增加收入，而不是依赖于保障金。由此使老年人保持经济独立性。同理，很有必要引入法律和组织的解决方案，可使老年人在经历一段退休期之后再次进入劳动力市场。不仅如此，从总体上保障老年人生活质量的长期项目，以及为最贫困的老年人提供系统支持的项目是很有必要的。这一目标可以通过引入弹性的劳动力市场政策来得以实现，比如为老年人提供本地工作（服务），退休年龄弹性化（让退休年龄的"断头台"大刀变钝），通过就业以获取全额养老金（通过从事一段时间的经济生产来获得养老金），等等。

老龄化的社会面临着重建与创造健康照护系统的需求，它既复杂又普通，同时跨越个体、地域和经济的限制。它根据需求而呈现出多样性，这样能保证服务的高质量。"医养结合"很有必要，可以在此基础上发展预防性的老年休闲与康复服务，并由公共开支承担。随着老年人，特别是**高龄老人**数量的不断增长，独居老人的数量也在不断上升，亲属圈的缩减使得老年照护成为老年社会政策的重要内容。老年照护的供不应求导致有多种个体的或者集体的针对解决老年照护的方案。老年人的照护者应当得到来自不同机构的支持，这些机构能够为患病或残障的老人提供各种形式的长期照护（税收、福利、训练、事假等）。

从机构和环境的角度来说，我们应当对所有的照护需求予以充分的

---

[56] Communication from the Commission to the Council. The European Parliament: The Economics and Social Committee and the Committee of the Regions, Brussels, 5.12.2001.

重视，包括为患有慢性疾病、绝症，有依赖性的，以及残障的老年人的需求予以重视。未来的老龄项目应当给予老年人在照护方面的选择权，老年人可以自由地选择在自家养老，或者在亲戚朋友家养老，如果有必要或者老人需要的话，他们也可以在机构中养老。此外，我们建议为家庭提供支持系统，保持其作为老年人照护提供者的角色。这可能需要采取本地的、代际的社区支持中心的形式，以迎合老年人和青年人的需要（教育、社会、休闲、经济、健康等）。为了让老年人尽可能久地在他们自家生活，我们最好在老人的生活环境之中为其提供高质量的服务。由此，从居家照护支持到机构支持，我们应当为老年人持续提供高质量的、性别导向性的服务。

下一个十年，社会保障系统改革的目标，是为长期照护[57]提供有效的解决方案，这包括探寻未来的养老金领取者的潜在照护成本（长期照护保险），以及在稳定的条件下建设一个养老金系统，保证接下来的世代在进入退休期时能够获利。

对老年人的家庭照护，需要雇佣政策和人事政策与老年人的照护需求相适应。家庭友好型且性别针对型的职场政策，旨在调和男性和女性照顾者，其内容应当包括：创造弹性的工作环境；针对专业照护者提升收入水平，以彰显照护所具有的真实价值；把假期从育婴假拓展到探亲假，由此为其他有依赖性的家庭成员提供照护；为老年人提供工作场所照护服务；为照护者提供压力管理方面的训练。[58]

为了支持家庭的照护功能，公共政策应当增订如下内容。

——面向目前依然在工作的非专职照护者提供相应的支持服务。

——为照护者或接受者提供资金和/或实物方面的支持以保证双方

---

[57] 15~20年前，对患有不治之症的人的照护平均时长为四五个月，现如今，这一数值已经延长到15年。参考 *Aging in OECD Countries. A Critical Policy Challenge*, OECD Publishing, Paris 1996, p. 51。

[58] 参考 *Caregiving and Older Persons-Gender Dimensions*. Expert Group Meeting, International Institute on Ageing, United Nations, Division for Social Policy and Development, Programme on Ageing United Nations Division for the Advancement of Women, Malta, 30. 11 – 2. 12. 1997。

都能做出符合自身意愿的选择。

——为照护服务的提供者给予社会保障信用方面的奖励。

——为照护的提供者给予工作和退休方面的特权（弹性的、阶段性的、半退休的工作，或者远程办公）。[59]

——通过把老年人视为"依赖性群体"[60]，对照护的提供者给予税收方面的减免。

——根据照护提供者的需求来拓展服务内容，包括居家帮助、舒缓服务、自助群体、照护指南，以及专业的咨询服务。

——把女性从传统的角色和任务中解放出来，也允许男性成为照护者。

——建设支持性的、无障碍的环境，以增强代际关系、代际整合，并实现更好的代际对话。

——促进市民社会的发展，特别是包括老年人的不同世代和组织的团体，以丰富社会资源。

——在稳定的社会保障的基础上提供健康照护"套餐"和社会服务——比如，在本地社区打造整体性的老年病照护体系（居家照护，由私有、公共部门和 NGO 所提供的流动与固定照护服务），为有需要的老年人提供高质量的、男女有别的服务，从居家的照护支持，到医护诊疗，再到住院照护。

——在本地社区，把日间照护和机构照护整合起来，同时在规划和提供服务方面也要求居民和其家庭的参加。

——大力支持与有尊严的死亡有关的服务（临终关怀），提供悲伤支持，在涉及死亡事宜方面尊重老年人的意愿。

——为独居老年人提供照护服务相关项目，这能够维系老年人在社区中的正常生活。

多年以来，联合国的官方文件（也包括近期的欧盟项目），对某些

---

[59] 同上。
[60] 同上。

社会群体，包括老年女性，有特殊性取向的人群、移民、难民、艾滋病患者，以及游离于社会主流与经济发展㊿之外的高龄老人群体等予以了特别关注。有必要尽力为有老人的、有需求的家庭，提供以下三种不同的咨询服务。

——**个体辅导**。目标是教导家庭成员如何应对由高龄老人的社会地位和健康所带来的压力，并使家庭成员确信老人有权控制他们自己的生活。个体辅导需要照顾者建构起一种文化和环境多样性的模型，特别是在照顾慢性疾病患者、残障老人，提供预防性措施和/或者情感支持时，要做好相应的潜在准备。

——**群体辅导**。我们在面对有依赖性的、患慢性疾病的、残障的老年亲属时，应承担何种角色或任务。为分散的大家庭成员实现信息、理念和成功经验的共享，也为有过类似经验的同龄人的经验分享创造条件（其功能和自助小组类似）。

——**家庭辅导**。当家庭成员希望能获得"缓冲"，以应对由慢性疾病和/或者老年人的残障（从"急救室"中获得定期休假）所带来的压力时，就能发挥效用。在这些情况下，家庭需要相应的工具，在照顾依赖者、患病或残障老年人，以及应对外界压力时（工作、教育），来获得帮助（重建/保持与邻里和朋友的关系）。

总的来说，面向老年人的项目的新结构，应当在整合当前老年政策的同时，提供新的应对方案。这种策略要求采用创新性的方法，利用本地和国家资源，以及公共事务参与者（政府、本地政府、私有部门和非政府部门、老年人）的志向和能力，来落实**积极和健康老龄化**的相关理念，并使**不分年龄人人共享的社会**的愿景成为现实，特别是以下方面。

1. 应当把应对老龄化作为全球性的首要问题，这要求在全球层面、

㊿ 该文件早期阶段对老年人权力的注解并未包括"人人皆享有获取社会保障和社会保险的权利"。这条评论意图帮助成员国意识到，在应用社会政策时，应当尊重老年人的权利。International Covenant on Economic, Social and Cultural Rights Resolution 2200 A (XXI), annex.

国家层面和本地层面把经济和社会政策的相关内容整合起来。

2. 教导民众从每天的生活节奏中获得满足感——这项任务应当贯穿于教育的全部阶段，并落实到每一所教育机构之中。否则，在面对铺天盖地的"青年期是人类唯一有意义的阶段"等类似宣传时，我们将无力应对。

3. 终身性学习将会实现如下目标：

——受过教育的老年人口的增长，让全社会成员都形成终身性学习的习惯，在工作场合亦是如此；

——老年人接受使用新技术的教育的机会；

——在面向老年人和其他世代的咨询和教育方面，开发利用老年人的知识和经验；

——针对政客、记者、广告商、建筑师、雇主、社会工作者、护工、志愿者，以及各级政府部门职员进行老年学方面的教育；

——为老年人提供教育的机会，这可以通过如下方式来达成：（i）减免教育费用；（ii）针对老年人进行应对老龄化问题的特殊教育，包括健康、收入安全以及改变老年形象等方面，还包括在精心筹备面向退休人员及其家庭的本地计划和教育项目时，把老年人也纳入考虑范围。

4. 推广健康的生活方式，这将带来：

——延缓并克服病痛；

——推行宣传项目，以助公众了解哪些要素、现象和过程与健康有关；

——在提升健康水平的过程中，重视个体和环境资源的利用；

——精心打造更广、更多可选的有益健康的食物和服务，尽管面向全年龄人群，但老人也可从中受益；

——逐步采取措施，使老年消费者免受广告和推销之扰，这些广告和推销会榨干老人的钱包；

——采取措施保证老年人能够获得保质保量的食物、安全设备、安全用药、日用化学品、医护帮助和各种设备，这会使老年人过上独立的生活，同时在社会意识中创造更为真实的老年人形象。

因此，老年项目应当注重推进退休后的积极生活，关注老年人在代际关系[62]方面的问题，并在本地社区中发展支持与照护体系，在个体需求和老年人处境需求方面获得平衡。

为保证面向老年人的欧洲社会政策落得实效，我们可以在不久的将来组建欧洲老年学研究中心（European Institute of Gerontology，EIG），该机构旨在分析和预测老年问题，培训职员，为成员国交换经验，并成为交流解决问题的策略中心。该机构能够收集老年人关注的问题，与老龄化有关的知识和政府意见，并使欧洲各地区老龄研究的发展水平取得同步。[63]

四 老年社会政策的内涵和任务

一些新趋势即将来临。

斯塔尼斯洛

老龄政策的范畴属于老年项目"套餐"的第三层，主要对涉及老年人状况和生活质量方面的关键性内容，把相关的目标具体化（见图9）。

对人口数量的预测，老年体质健康与体态健康，因老年人需求增长而带来的家庭困难，养老机构的床位有限，以及诸多国家经济状况的不断恶化，要求在社会政策层面采取如下操作化目标。

——**家庭及其功能**（在创造个体和集体幸福感时，家庭的首要地位）。

——**工作和收入**（让人活得有尊严，为满足需求提供可能）。

——**儿童与青少年**（把年轻人作为国家和社会发展的首要潜在力量）。

——**老年人**（代际团结一致，超高龄老人的行动）。

---

[62] 伯明翰大学应用老年学研究中心的项目是一个很好的例子：项目若为年轻人而设，则老年人被排除在外；反之则年轻人被排除在外。I. Hamilton, *The Psychology of Ageing: An Introduction*, Jessica Kingsley Publishers, London 2002, p. 218.

[63] 欧洲老年研究中心（EIG）的主席国可以让拥有在社会政策框架下推进老年项目经验的国家来担任。

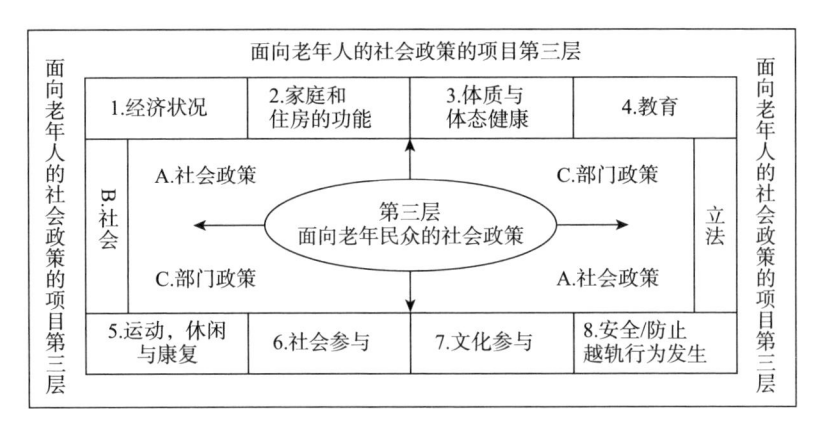

```
┌─────────────────────────────────────────────────────────────┐
│面向          面向老年人的社会政策的项目第三层              面向│
│老                                                          老│
│年   1.经济状况  2.家庭和   3.体质与   4.教育               年│
│人              住房的功能  体态健康                        人│
│的      A.社会政策                    C.部门政策            的│
│社    B                                              立    社│
│会    社         ┌─────第三层─────┐                会    会│
│政    会    ←    │面向老年民众的社会政策│    →    法    政│
│策                └──────────────┘                      策│
│的       C.部门政策                   A.社会政策           的│
│项    5.运动,休闲  6.社会参与  7.文化参与  8.安全/防止     项│
│目    与康复                              越轨行为发生     目│
│第                                                        第│
│三                                                        三│
│层                                                        层│
└─────────────────────────────────────────────────────────────┘
```

图 9　老年项目的概念框架,"工具盒"的第三层

资料来源:作者整理。

——**效率受限人群**(主观性,公民权利,整合与标准化)。

——**健康**(经济的潜力,社会结构和个体的生活质量)。

表 8　本土老年社会政策的操作化目标和任务

社会政策的领域:Ⅰ.家庭与住房		
操作化目标	任务	实施手段
让老年人在其熟悉的环境中,自由地选择生活方式,随其所欲,越长越好。	1. 做好对老年人及其家庭生活条件的背景调查(社会—人口背景,对生活质量和标准进行检查)。 2. 面向居家老人发展/增强社会与服务基础设施建设。 3. 建设服务内容多样化的社会服务设施(个人卫生服务、洗衣服务、清洁服务、饮食服务、理发服务等)。 4. 对为老年人服务的经济实体给予租金/税收方面的减免。 5. 为具有依赖性的老年亲属提供家庭支持系统的发展(或其特殊成员)。 6. 为照护服务的提供者给予不同形式的支持(训练、信息、医护、心理、法律咨询)。 7. 本地信息、教育、咨询和治疗基础服务的发展/支持,这将有助于家庭进一步了解与解决老年人功能的相关问题。 8. 为老年民众提供廉价/免费的因特网接入服务,为残障老人的居家监控共同筹资。	按重要性排序:政府部门、家庭、邻里、教区、学校、志愿者、社会组织。 政府部门的职责:牵头发展项目、提供关于资源的信息、任务的竞争性选择、行动合作。 以为以下内容游说: ——保障性保险的引入, ——为老年人的照护者提供税收减免, ——为照护服务提供社会保障信用支持。

续表

操作化目标	任务	实施手段
A. 为老龄化的民众提供多样化的居家项目	1. 为老年人提供本地住房资源（基金、捐赠、老年公寓，等等）。 2. 简化与加快公营公寓的转换。 3. 为老年人提供法律咨询/支持，使其重获偿付房租的能力，并避免因负债累累而无家可归。 4. 根据老年人的经济资源、年龄和需求，对住房提供进行调整（公共住房，比如：公营公寓、老年聚居区、短租房、独立公寓、辅助居住等）。 5. 为残障老人发展/提供支持项目，这将提升居住水平，消除在居家环境中的结构障碍。 6. 发展不同形式的支持，为老年人在其生活环境中提供支持（重点对象：孤独的老人，患慢性病的老人，以及残障老人）。 7. 为创造老年宜居环境的家庭和其他人员提供奖励系统（优先人群：组建了老年社区，并把住房移交给当地政府的老年人及其家人）。	按重要性排序：政府部门，住房协作单位，私有部门，老年人及其家庭资源，社会组织，国际项目（特别是欧盟）。 政府部门的角色：认真设计住房项目相关内容，与其他住房市场的实体合作，根据老年人的实际需求调整居住环境，同时为公营老年公寓提供财政补贴。 游说的目标：推进政府主导的老年住房项目的发展，支持本地政府的行动。
B. 老年人健康和社会地位改变的体系建设	1. 对高龄老人提供永久性的持续监护（首要目标：对居家的80岁及以上的老年人提供定期的家访）。 2. 为老年人提供老人友好型的安全设备，这能够使老年人过上独立的生活（首要目标：有电话，对老年人给予电话费用减免，提供基于电话的视听辅助）。 3. 多方公共机构的信息交换，以及针对老年人的跨部门之间的合作。	按重要性排序：邻里，教区，志愿者，社会组织，国家残疾人康复基金，警察，以及电信网络的工作者。 政府部门的角色是：配合，信息，作为社会支持系统的引导者，通过支持系统给予项目。
C. 预防因使用居家设备而导致事故发生（消费者事故）	1. 对老年人所遭遇的事故进行登记，分析和监控。 2. 发展本地项目以预防老年人使用居家设备而导致事故，同时，与消费者保护办公室合作，提供健康照护服务。 3. 采取一系列措施，把县市（powiat）/城镇/社区（gmina）整合到预防本地事故的欧洲项目之中。	按重要性排序：政府部门，健康照护（特别是医院），本地消费者权益保护组织的代表，欧洲辅助项目，非政府消费者组织，本地的居家设备生产方组织。 政府部门的角色：向欧盟申请经费支持，以防止老年人发生居家事故，同时为保护消费者权益提供相应项目的支持。

策略要点：
对面临较高的入住机构风险的老人（高龄老人，孤独的老人，残障老人）提供干预措施。
设计安全补偿措施，以尽可能把老年人独立所面临的风险最小化。
目标：允许老年人生活在熟悉的社会环境和推进老年人社会整合的本地项目之中（住房政策框架内）。

续表

操作化目标	任务	实施手段
	Ⅱ. 经济条件	
A. 保护高龄老人的社会保障	在特定郡县/公社等地区绘制/升级老年人的需求图谱。 把保护老年人的经济状况纳入法律责任——对面临贫困风险的老人进行社会保障项目评估。 出版可提升老年人经济状况的指南——在本地商业俱乐部和组织的帮助之下实现,这能够提供良好的服务和支持。 发展本地项目,以实现对居家开支的理性控制。 对面向身处贫困风险的人群进行社会服务项目评估。 对老年民众提供津贴补偿来提升/维持其生活质量。	按重要性排序:社会服务中心,NGO,家庭和邻里资源,学术机构,私营部门,对老人的中央以及国际支持项目。 政府部门和组织的角色:政府带头作用:法律任务的引入,社会分析,对专家主持的项目进行支持,寻找项目的合作伙伴和资源,阻止贫困在老年群体中蔓延。 游说的内容:保护老年人享有领取养老金的福利,而不是失去它们。
B. 提供津贴补偿来提升/维持老年民众的生活质量	鼓励开发专为老年人而设的次要劳动力市场（企业雇佣老年人,巧手匠服务项目,邻里服务的小册子等） 对身处老龄化早期阶段的人在经济支持方面予以倾斜（特别是在机构中生活的老年人） 对风险群体提供救助（比如住房津贴,药物费用减免,健康保险全覆盖等）	

策略要点:
1. 优先采取干预主义的原则,为面临贫困风险的老人提供紧急救助和保障。
2. 针对财政制度的缺陷给予补偿（内部任务和外部任务）。
3. 应当在政府的中央税收方面给予支持,使本地老年社区中的成员在公共、文化和社会中使用其潜力、经验,并推进在社会生活中的公共、文化的参与。

	Ⅲ. 教育	
A. 在终身性学习的过程中整合老年学的相关内容	在国家、区域和本地层面引入对老年人功能的训练项目支持。 准老年人的退休前咨询。 为推动扩展老年人的知识,对教育机构和项目进行支持（首要对象:老年大学建设）。 对雇主、社工、健康服务提供者、志愿者和本地政府部门代表进行培训/开办工作坊,针对老龄化的结果,以及社区中的高龄老人满足需求。 通过如下方式拓展老年教育: ——对参加学习老年问题的老人,包括健康、收入安全和老年形象等方面,给予课程费用的减免。 ——借助 NGO 的老年教育经验,来解决老年问题。 ——出版宣传册,这些宣传册应当包含现有的老龄问题解决方案,老年人的权利和优待政策,社会福利和服务,助老 NGO,老年休闲、教育、健康照护、劳动、旅游和体育活动设施,等等。 ——支持教育项目,帮助老年人迈入信息社会（首要目标:使老人"熟悉"能使日常生活变得更方便的新技术。）	按重要性排序:在所有部门开展教育和培训,非政府组织,政府部门。 政府的职能:开展行动,激发新的思路、合作、支持和建议。

续表

操作化目标	任务	实施手段
B. 利用老年人的知识与经验	组织老年人的才艺展示/大赛。 相关机构的建设,允许老人从事多种不同的角色。 出版/宣传一系列老年民众愿意分享的技能,并且支持本地的、区域的、国家的以及国际发展行动。 老年人组织面向老人的讲座,比如:心理学家论家庭关系,农民谈提升农作物质量,会计谈理财规划,健康专家谈体育活动,营养专家谈营养摄入,药剂学家谈用药原则,警察谈打击犯罪,律师谈撰写起诉状以防造假,等等。 在公社/郡县/城镇层面为老年人参与社会项目提供机会。	按重要性排序:在所有部门开展教育和培训,非政府组织、政府部门。 政府部门组织的角色:开始行动,激发理念,合作与建议。

策略要点:
1. 关心并帮助激发老年人的社会潜能,支持代际整合(有质量的老年生活);
2. 对即将退休的人群提供保障性项目(而不是干预性的),并帮助老年人在日常生活中变得更有效率。

Ⅳ. 社会参与/活动

操作化目标	任务	实施手段
A. 视老人为宝藏并把他们作为社会资源的重要组成部分	1. 为身处老龄化中的人群或者老年人提供改变社会刻板印象和形象的机会(当地报纸、广播和电视,广告和平面媒体,公共关系公司,等等)。 2. 发起/支持代际整合的理念,这可以通过在学校、公众论坛、本地媒体来实现,其内容和原则主要是关于代际交换,家庭帮助,家庭内责任的公平分配,特别是关于家庭内照护问题,以及家庭内的老年虐待和环境封闭问题。 3. 在本地政府创建咨询小组,主要由老年民众所组成,解决有关社区和高龄老人的问题。 4. 把日间照护设施与它们所在的社区相整合,这也包括了居民及其家庭在设施内外的规划与提供服务。	按重要性排序:NGO(特别是老年组织)、学校、学术与研究组织、媒体、政府部门。 政府部门的角色:发起行动,激发灵感,协作,支持与建议。
B. 为实现不分年龄人人共享的社会而必须采用的项目和工具	1. 为维系代际关系,以及代际间获取资源的平等权利(在健康照护方面、文化、教育等方面)而创造条件。 2. 安排/支持/发展促进福利均等化的服务。 3. 推进/鼓励家庭或社区项目使老年人在社会中的功能正常发挥。	按重要性排序:政府部门、NGO、邻里、家庭、学校、大学。 政府部门的角色:在老年人最熟悉的环境中,发起整合行动,教育,鼓励代际整合。 游说内容:为打造积极老龄化,代际整合项目与实施而必需的组织与经济基础。

续表

操作化目标	任务	实施手段
策略要点： 为代际整合的发展而专设的项目，过程和工具。		
Ⅴ. 文化参与		
A. 老年人在文化方面的自我创造和自我实现	1. 支持各种形式的老年人创造性与文艺活动，在私营组织和NGO中为其寻找赞助方。 2. 开办为老年人专设的杂志，为纸张购买提供补贴，降低印刷、投递、开办和运营新报纸的费用（微观视角）。 3. 在本地报刊的基础上开办老年学专刊。（拓展版） 4. 在本地广播/电视的基础上支持/促进老年节目播出。	按重要性排序：NGO，私营部门，文化部门，政府部门。 政府部门的角色：赞助者，支持者。
B. 增加老年文化社团的可获得性	为针对高龄老人的文化项目寻找赞助方。 为经济地位较差的老人在文化参与方面提供便利（老年卡）。	
Ⅵ. 运动—康复—休闲		
A. 积极老龄化项目的应用	1. 满足老年人不同的旅游需求。 2. 为老年人和其他年龄段的人群组织体育运动，锻炼和竞赛性的活动。 3. 降低运动与休闲场所对老年人的收费标准。	按重要性排序：运动与旅游组织、私营部门、政府部门。 政府部门角色：采取行动，提供组织和结构支持（本地资源）
策略要点： 发展激活老年人，并推进老年人社会参与和整合的项目。		
Ⅶ. 体质健康与体态健康		
A. 针对保险体系发展预防性的健康照护补充体系	1. 在本地社区，联合政府和私营部门，以及NGO，鼓励创建老年病和老年照护系统。 2. 引进更多由世卫组织所推荐的医疗检查，以整合到健康促进服务之中（首要目标：检查癌症和心血管疾病）。 3. 发起/支持与老年人健康有关的康复项目和训练项目。 4. 支持与心理健康有关的预防项目。 5. 在照护患慢性疾病的老人时，延长康复设备与设施的租用期。 6. 发起/支持面向医疗工作者和照护者的老年学教育项目。	按重要性排序：公共健康保险组织，公有与私营健康组织，中央财政，NGO，本地政府，对国家项目的支持。 政府部门的角色：对医药组织的企业化管理，控制医疗过程，鼓励和支持老年照护促进项目。 游说内容：为预防性的老年项目提供中央财政拨款。
B. 本地临终关怀服务的发展	1. 为临终的老年父母提供有尊严的服务，支持亲属的哀悼，尊重老年人群对死亡的选择。 2. 为临终老年人的照护者提供教育项目。	

续表

操作化目标	任务	实施手段
策略要点： 与介入性项目不同，有必要设计一种针对老年人和专业性老年医学项目的健康预防本地项目。		
Ⅷ. 安全-越轨的预防体系		
A. 预防与治疗老年期上瘾	1. 分析老年人的上瘾情况。 2. 对预防老年人上瘾的相关工作进行发展与支持。 3. 支持开展关于老年期上瘾威胁的教育，并主要针对专业和非专业的老年照护者。	按重要性排序：反酗酒基金会，NGO。
B. 保护老年人免于受到犯罪和越轨行为的侵害	1. 发展关于老年居家和公共场所安全的项目，并与上级警方，民警和消防队合作。 2. 分析老年群体的越轨问题以及老年虐待问题的群体和规模。 3. 开发一种信息/应用中心，以举报虐待和暴力问题。 4. 针对受到犯罪、虐待、事故、灾害困扰的老年群体，开发与应用一种干预性项目，这也能帮助老人在经历此类事件后重获稳定性。	按重要性排序：保护民众免于受到犯罪和其他个人安全威胁的专业机构，NGO，社会保障，学术和研究机构。 政府部门的角色：鼓励和发起行动，对紧急情况的干预，支持干预性项目。
策略要点： 把救助、保障、预防作为首要工作。		

来源：作者整理。

——**教育**（站在同一起跑线上，个体的社会地位，社会发展的潜力）。

——**康复与休闲**（个体的发展和劳动力资源的再生产）。

——**社会问题**——贫困、失业、成瘾、慢性疾病、无助、刑满释放者、难民、被遣返者等（对有需要的个体和群体采用团结一致的原则）。

——**社会基础设施服务的发展**（可获得服务和福利）。

在确定本土层面的社会政策目标和原则时，应当从与生活质量有关的四个维度开始，包括：

——居住、学习和工作环境；

——人际关系；

——在社区生活中的参与和介入；

——在涉及社会生活方面的法律和组织的解决方案的稳固性/可持

续性。

政府部门的目标/任务是采取行动，以保持/提升/增强社区成员的生活质量和状况。因此，当地政府是满足老年人生活质量有关的最低限度内容的唯一责任人，比如：

——**信息**——老年人必须知晓本地的支持系统；

——**咨询**——提供自助服务和点对点的帮扶服务，为个体、群体、家庭提供专业意见；

——**住房**——使老年人居有其所，居有适所；

——**技术支持**——在公共区域设置的设备，以降低老年人的依赖性；

——**个人帮助**——支持自我照顾，为残障人士提供扶助环境——训练、证明、专业视角；

——**社会服务**——对有风险的高龄老人提供福利、服务和经济支持；

——**交通**——方便老年人能够"前往任何他们想去的地方"；

——**可获得性**——由此老年人可以"去想去的地方，获得想要的东西"。

总而言之，根据之前提出的综合性社会政策框架，必须强调面向老年人的社会政策，应当成为社会政策的组成部分，与发展性的老龄项目的基础。我们制定了一系列的目标和任务，并形成了下述项目，包括在帮助老年人社会整合方面，所必须具备的/有用的原则，准则和策略性内容，解决他们的问题，鼓励他们在公共生活中积极参与。

与老年社会政策的操作化目标有关的老年项目和任务，包括如下内容。

1. **资源**：决策制定者根据宪章和国家立法，把一系列建议和意见融入政治决策之中。

2. 老年社会政策的**政策目标和行动方案的基础**应包括：

——对特定的财年，

——长期计划，

——长期的应用。

3. 需要一种**后备体系**，能有效应对各种评估工作，升级老龄策略和项目。

笔者提出了"拉链"模型（见图 10），根据价值观体系来判断目标/方向的选择范围及其等级层次；还包括各种相关者在社会政策实施过程中的角色和介入。

我们认为，转变应当包括标准—缺陷、参与—排斥、发展—降级、权力—限制、依赖性—独立性等方面的内容，并应参照如下要求：

1. 与政治中心（部级单位，中央政府办公室）和自治政府（地区、郡县、公社）的组织结构有关的法定任务；

2. 社会政策被战略合作伙伴接纳/与其达成一致所应遵循的原则；

3. 来自国际组织和欧洲组织的政策建议，这些组织的文件通常由特定的国家所批准（联合国、欧洲议会、欧盟、经合组织、世界银行等）；

4. 精英群体的政治和项目倾向（在本地政府的框架内，就社会政策的采纳和实施做出相应的安排）。

这种解决方式的优势在于，社会政策的方向/目标能够通过在同一层面实现转变来达成（价值和任务层面），而不用违背/忽视下面所述的原则（方向/目标）：

作者所提出的"拉链"系统：

1. 澄清社会政策的目标/方向，使其**不易成为政治争论的对象**。

2. 借助普适性的原则，对特定政策的原则和目标进行界定，比如教育政策、健康政策等。

3. 优化对公共基金的管理，以认定与社会政策有关的促进性和保障性领域，并筹备和社会政策有关的足额经费，通过合理手段使用资源（也包括在公共领域外的资源）。

4. 使**供应商及其他实体市场的维系和稳定**成为可能，并落实社会政策在其敏感区域的实施效果。

5. 政府部门能够在国家、区域、城镇层面，对经济、健康、人口、

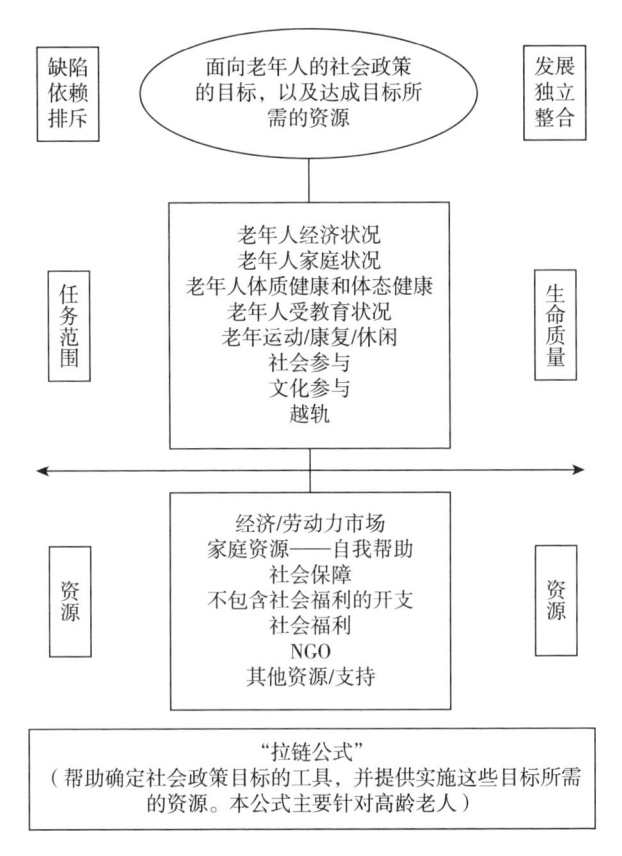

```
                    ┌─────────────────────┐
  ┌──────┐          │  面向老年人的社会政策  │          ┌──────┐
  │缺陷  │          │  的目标,以及达成目标所 │          │发展  │
  │依赖  │          │    需的资源         │          │独立  │
  │排斥  │          └─────────────────────┘          │整合  │
  └──────┘                    │                      └──────┘
                              │
                    ┌─────────────────────┐
                    │   老年人经济状况      │
  ┌──────┐          │   老年人家庭状况      │          ┌──────┐
  │任务  │          │ 老年人体质健康和体态健康 │          │生命  │
  │范围  │◄────────│   老年人受教育状况    │────────►│质量  │
  └──────┘          │   老年运动/康复/休闲  │          └──────┘
                    │      社会参与        │
                    │      文化参与        │
                    │       越轨          │
                    └─────────────────────┘
                              ▲
                              │
                              ▼
                    ┌─────────────────────┐
                    │   经济/劳动力市场     │
  ┌──────┐          │  家庭资源——自我帮助  │          ┌──────┐
  │资    │          │      社会保障       │          │资    │
  │源    │          │  不包含社会福利的开支  │          │源    │
  └──────┘          │      社会福利       │          └──────┘
                    │       NGO          │
                    │    其他资源/支持     │
                    └─────────────────────┘
                              │
                    ┌─────────────────────┐
                    │      "拉链公式"      │
                    │(帮助确定社会政策目标的工具,并提供实施这些目标所需│
                    │  的资源。本公式主要针对高龄老人)  │
                    └─────────────────────┘
```

图 10　老年社会政策的目标以及施行政策所需的资源

资料来源:作者整理。

社会与文化方面的改变做出快速反应(对社会服务项目的及时更新与修正)。

6. 鼓励发展涵括区域性和本地性问题的社会政策项目(在社会政策的条款、目的和目标方面强调多样性)。

在推行全新的老年社会政策时,头几年解决老龄化问题的重任必须由紧急干预项目来承担,发展中国家尤其应当这么做。不过,老年项目的首要任务应尽快做出调整,这也包括预防方面的财政开支的调整,特别是涉及"首要预防"方面的开支。这有助于提升对人口老龄化所带来的问题和需求的社会意识和社会敏感度,也能够为成功老龄化和涉老部门的发展奠定良好的基础。

作者认为，每一种解决思路模型都必须考虑到在准备和执行当前任务时，所存在的潜在问题和限制问题。在此情况下，这些限制可以通过政策的弹性化，以及对实施过程中社会和经济的变化持开放态度来得以缓解，也可以借助老龄政策中的无需额外开支的公共活动（社会参与、志愿服务），以及某些——特别是具有革新性的——与非政府组织的公共－私有合作关系来得以解决。

总　结

生而知之者，上也；
学而知之者，次也；
困而学之，又其次也；
困而不学，民斯为下矣。

　　——孔子

我们不能脱离生理学（个体的老龄化）和人口学（人口的老龄化）的范畴空谈老龄化问题——因为我们不能替换掉当前的人口，或者"生产"出足量的新生人口来填补劳动力市场出现的代际鸿沟，并幻想降低老年人社会保障系统坍塌的风险。

雪上加霜的是，从人口老龄化和个体老龄化的角度来看，不论当前的社会政策如何尽力应对人口老龄化问题，这一努力还是不够的。人口老龄化也不会和其他要素（技术进步、市场）相分离，这是生产、消费模式、储蓄和投资模式快速重建的必要条件。这些因果性的元素相当重要，但我们最多只能预估它们在未来十年内在经济和社会生活方面的影响。

老龄化属于病理性范畴的观点已成明日黄花。今天，我们普遍认为老龄化是**一种自然改变的过程**（随着时间的推移，万物的结构和功能皆发生改变），以及是对**社会环境和个体事件所做出的反馈**。[1]

---

[1] 尽管这些观点看起来都是些平常的道理，它们却常常被湮没在对老龄的刻板印象和谬见之中。

不过，我们不应当忽视人口老龄化所带来的消极影响②，比如慢性疾病（特别是由失忆症所引发的慢性疾病），残障老人（特别是患有感知和心理障碍的老人）数量的不断攀升，涉老机构体系效率低下，老年人的贫困化（特别是在发展中国家，以及/或者正处在经济和政治重建中的国家③）。总的来说，社会、国家政府和大多数机构，特别是家庭，将面临严峻的挑战。

所以，一方面，我们不得不承认老龄化是一种生理的、心理的、社会的既成事实；不过在另一方面，它也昭示着**科学技术的平衡、危机或者胜利**（特别是医疗技术）。因此，我们可以从**价值、挑战和/或者任务**的角度来解读老龄化——一种期待（理所应当的休息），一种已被预判到的过程（从科学角度而言），或对发展来说是一幕悲剧或一种障碍（从政客、金融家、劳动力市场、健康照护的角度而言）。④

我们必须牢记，每一世代的老年人，他们常常心系**过往**，但却必须在一个关注**未来**的世界中生活。因此，老年人所代表的**老成持重的修养**，以及"**晚熟**"的优势（经验与生活智慧的积淀），在当下的社会和文化环境中已经不合时宜了。考虑到现代社会在生活节奏和紧张感方面所发生的变化，寻求构建老年人和青年人关系的传统与革新之间的同步，且这种同步要建立在令双方满意的基础上，已经越来越难实现了。

因此，我们可以说老龄化有着"双重内涵"——它不应被简单地认为是积极或者是消极的，因为它既不积极也不消极。对我们当前正处在老龄化过程中的社会而言，我们需要的是一场脚踏实地的论辩，并采取适切的行动来保障老年资源，使公众知晓其自身的潜能可以在生命的每一阶段都获得发展。

---

② K. Dychtwald, *The 10 Physical, Social, Spiritual, Economic, and Political Crises the Boomers Will Face as They Age in the 21st Century*, https://www.asaging.org/am/cia/dychtwald.html ［accessed: 8.02.2012］.

③ 在快速增长的老年群体中，仅有30%～35%的人使用公共老年项目的基金支持（世卫组织与经合组织的数据支持）。

④ 失败主义者称全球的老龄化风险为"老龄化大海啸"或者"老年病珍珠港危机"，警示这些变化可能会使世界变成"老罗纪公园"。

不过，还有一个难题至今依然困扰着我们：如何解决老年照护的成本问题？**谁是受益人？谁来为此买单？**⑤ 尽管如此，我们已经在探寻，在涉及高龄老年人的社会政策方面，**把当下的困境转变为今后的机遇**。

在老龄化的社会中，必须采取适切的政治决策以推动社会和经济结构的重建。由此，有必要进一步发展和推进老年项目。

在发展老年社会政策时，最基本的原则就是为所有人创造福祉。不过，在全球范围内推行**不分年龄人人共享**的社会理念⑥，需要：

——老年人的努力/投入，⑦

——激发潜力/资源，即老年人随着年龄增长而逐渐积累的技能、能力和可能性（代际资本的积累和交换），

——在家庭和社区中发展互利共赢的代际关系，

——国家的基础设施要适应人口、社会、文化和经济的转变。

大多数老年型人口国家（特别是正处在政治转型期的国家）必须重建与发展一套复杂的普适性公共服务体系，该体系的可获得性必须跨越个体、地域和经济的限制。⑧ 这是因为，现如今，经济发展必须满足不断增长的非经济层面的需求，这些需求将决定公民的生活条件和生活质量。然而我们不可能给这些需求设置上限（比如健康需求），因此，需求的满足不可能顺应民众的所有期待。

社会政策和公共服务缺少共识原则和目标，这导致该领域解决方法的不稳定性，资源分散、成本增加、获取社会福利和公共服务的渠道缩

---

⑤ 事实上，世界所担忧的人口老龄化结果，通常从年轻人方面进行考虑，而并非老年人。
⑥ 关于此概念的提纲可以参考 Brasilia Declaration on Aging（1996），之后发展为一项全球性的计划，以及面向老龄化社会的策略—— UN GA Resolutions 37/51, 47/86 and 50/141。
⑦ 当发展旨在重构/增强老年人社会地位的项目时，我们可以说这是"重激活"（把老年人重新整合到主流社会生活之中），而不是"让老年人活跃起来"。
⑧ 作者对三种不同的公共服务进行了区分：①影响个体和社会发展，生活条件和生活质量等方面（教育、照顾5岁以下的儿童、健康护理、文化、体育和休闲、大众媒体）；②为民众提供安全感——公共安全（军队、警察、消防队、公共场所安全、事件处理等），社会安全（社会帮扶、社会保护、依赖者的照顾、政府公屋等）；③满足市民的最基本的需求，从事对社区和国家而言最为核心的任务（管理服务、交通基础设施、公共运输、邮政业务、能源、供水、环境卫生、电信服务、环境保护、垃圾管理，以及保持有序和清洁）。

水,以及在满足个体和社会需求方面的停滞/限制/退缩。毋庸置疑,节省公共服务开支,忽视社会价值和目标,以及效率偏低问题的不断加剧,要求我们不仅要重新定义这一环节的社会政策(准则、原则、价值、目标),还包括应用工具(策略和优先次序)。

为应对资源有限性问题,政府部门愈来愈关注当前机构、组织潜力的最大化,以及各部门的收益和服务情况。近来,新合作伙伴——非政府组织——已证明它们在大多数情况下都能有效发挥其职能。由专业人士所主导的满足需求的组织化体系,也见证了重建失去的主观性和公民身份的过程愈加紧迫。公民(包括老年人),作为纳税人和消费者,不断要求增强公共服务和提升公共资源⑨管理的效率,以及要求政治家对其决策负责。⑩

当今的政策制定者们,正处在民众期待与政策必要性的夹缝之间。一方面,他们不能忽视社会期待,特别是依赖公共服务的人群(比如老年人)的期待和要求。另一方面,牺牲太多民众利益,社会需求和政策应对力之间的鸿沟加大,不仅有损政府形象,也破坏了潜在盟友和选民的信任。⑪

在本书中,作者所提出的挑战,以及面向老龄化和老年人的社会政策的发展方向,需要得到公众的认同。这绝非易事。雪上加霜的是,除经济方面的阻碍之外,对老年项目必要性的认识不足,以及过度追求个人利益等问题,都可能会对社会认同变革、长期解决方案,以及社会保

---

⑨ 在日常生活中,"公共"这一概念指代"非私有"、"共享"。因为这一概念通常和经济、法律和政治内容有关,它已经失去了其本质含义。本文认为"公共"的含义已经从"我们的",变成了"我们的和不是我们的",并落入了国家政府的掌控之中。并不是所有人都获得了服务,而且服务因其必要性,其价格在不断攀升。

⑩ 在投票后,纳税人就失去了对政策过程的影响,也包括对公共服务的掌控。不仅如此,政策制定者的失职、错误,以及对公共资源糟糕的管理并未受到应有的责罚。2011 年,《日内瓦公共服务质量宪章》(*Geneva Charter on Quality Public Services*)的提出,标志着消费者的批评组织化以及被雇佣者所采取的行动。

⑪ 这是因为建设现代的、基于宪章的国家的支柱性理论体系,在面对此类国家目前所处的困境时,束手无策。N. Luhmann, *Political Theory in the Welfare State*, de Gruyter, Berlin 1994。

障体系改革带来消极影响。

期待和现实之间的矛盾,以及民众和政策制定者之间的关系日趋紧张,重拾在消费社会早已被遗忘的三种美德的呼声愈加高涨:**节制,可预测性,辅助性原则**⑫。因此,在许多国家,老年社会政策已经陷入了百慕大死亡三角,被政客的许诺、社会期待,以及国家的实际经济状况和基础设施现状扯得七零八碎。

解决由人口老龄化所导致的社会问题,道阻且长,是一个痛苦的过程。如果我们要发展综合性的老年支持系统,那么坐待经济状况好转,是最坏的选择。拖延通常会导致状况恶化,纳税人开销增大,给未来的孙子辈甚至曾孙辈世代带来负担。⑬ 特别要说明的是,切断经费资助,停止支持预防性和促进性的老年项目,或者不再为有依赖性的老人提供有效的社区项目,这种行为可能会付出高昂的代价。因为这可能导致照护需求的雪崩,这种需求绝非家庭和脆弱的专业机构体系所能够满足。

富庶的、高度发达的国家在面对这些人口老龄化问题时准备更为充分,并在进入人口老龄化阶段之前就已经在基础设施建设、商品和服务方面做好了充分准备。这些国家已经针对人口老龄化的挑战做出了反应:重建健康系统,重构社会利益体系,采取新的雇佣政策以适应当前和未来的劳动力市场。未来的变革将聚焦于教育系统、休闲活动,以及相关媒体政策,如果有必要的话,也包括社会生活的其他方面。

正处在政治和经济转型的老年型人口国家,将面临更为严峻的挑战,和贫困问题做斗争——这些国家"未富先老",其经济水平尚不足以有效应对人口结构的改变。

以法律法规为基础,为老年人提供照护与支持的基础设施,各国面向老年人的公共项目,以及为推进老年项目发展而具有的经济和社会发展水平,是**生存性和隔离性的政策**(政治转型的国家,发展中国家)

---

⑫ 原文为 subsidiarity,即辅助性原则,现多为欧盟国家所采用。详细释义可参考第三章注释11。
⑬ 延迟变革的恶果和缺少公共讨论的典型案例,就是社会对提升退休年龄有抵触情绪,并且要求男女退休年龄相同。

与**福利性和整合性政策**⑭（高度发达的国家）之间的连接桥梁。应当强调的是，近年来在老年项目方面所取得的进展，推动民间社团组织在开放性和进步性方面取得了很大的提升。

尽管在未来几十年中，代际社会经济差距的鸿沟扩大的问题可能不会得以解决（这意味着青年人可能无法像老年人那样获得足够的物质资源支持），但对未来表示悲观则有些夸大其词。我们更应当期待，未来的时代是社会进步的时代，为应对全球性的社会人口结构变化，会催生大量的实验、改革和老龄项目。我们有理由期待，策略性的社会政策将会尝试如下内容：

——强化经济增长的基础，
——增强经济活跃人口的工作效率，
——鼓励民众延长在经济活动方面的参与时间，
——在参与经济活动期间，把个人收入向保障基金转化，
——提高生育率，
——强化家庭内的关系纽带以及代际的团结，
——根据实际需求（目标性支持），提供合理的社会支持。

近年来，许多国家的社会政策都呈现出意识形态转型的特征（左翼观点更向中立倾斜，而右翼观点则对社会问题更加敏感），这可能弱化在解决老龄问题方面的党派争端，以便解决未来的社会问题。

在影响社会对变革的接纳，长效解决方案的采用，以及社会保障体系的改革方面（不考虑"没有意识到其必要性"这种情况），有一项障碍最为突出，即全球经济危机：缩减开支最简单的做法，就是减少在社会项目方面的财政支持。这一过程伴随着机构障碍而出现，脱胎于某种刻板印象，即退休的老人只会带来照护成本提升，并由此导致认为解决老龄化的唯一策略就是缩减开支。除此之外，政策改革所需要花费的时

---

⑭ B. Szatur-Jaworska（ed.）首先提出了这一概念，参考 *Stan przestrzegania praw osób starszych w Polsce. Analiza i rekomendacje działań*［Respecting the Rights of the Elderly in Poland. An Analysis and Recommendations for Action］, Biuletyn Rzecznika Praw Obywatelskich-Materiły, Warsaw 2008, pp. 143－144。

间，通常比政策制定者们的任期更长。因此，尽管政客嘴上说支持改革，但其实对其兴味索然。

不论政策是普适性的还是针对性的，都不能忽视社会期待，特别是在社会转型中做出牺牲者的需求和要求。牺牲太多民众利益，扩大社会需求和政策适应性之间的鸿沟，会损害政治意识形态，并摧毁潜在联盟和选民的信任。

因此，政客和政策制定者们[15]，是否已经准备好改革？社会意识是否已经做好准备应对改革？对这些问题的思考非常重要。如果不能尽快找到在转型过程中保障退休人员的过渡手段（modus vivendi），处于准退休期的纳税人迟早会建议（要求？）采取极端的且非理性的解决方式：尽一切努力解决我们的需求和问题，如果你能做到的话——万一你做不到，把钱还给我们，并精简政府结构。

社会对政府违背诺言这一做法的接受度是有限的，且应当有警示信号，这种信号表现为在富庶的欧洲国家，民众依据民主原则来维护其生活水平，以及更频繁地通过暴力手段来抗议，并宣示不再容忍政府糟糕的经济决策。[16]

在应对现实问题时，提出任何新的思路只能算是成功了一半。有创新性的领导者实际上引导着改革过程的始终。不过，他们也必须考虑到，还有很多人对固守现状念念不忘。由此我回想起乔治·伯纳德·肖的一句名言：**没有改变，就没有进步；不能转变思路的人，将一事无成。**

多年以来，老年学家、社会学家、社会政策制定者们，一直在为全球人口老龄化所将要带来的问题提供相关的解读信息，并为社会政策提

---

[15] 在决策者的小圈子里盛行一种观念，即每个人都知道该如何处理金融和公共基金的事宜，但无人知道以后如何来赢得大选。

[16] 比如"愤怒者运动"（即 Indignants Movement。该运动始于2011年5月，当时西班牙爆发了一系列抗议经济不公平的示威游行，游行者认为国家已经深陷高失业率的泥潭，呼吁政府缩减开支，保障民众就业权，消除社会不公。这一系列游行也点燃了其他国家底层民众的怒火，并间接导致美国"占领华尔街"运动的爆发。——译者注）。

供策略指导。政策制定者们对这些信息的忽视，不能单纯地认为是一种**失察**，而是故意的、屡教屡犯的**玩忽职守**（当前的政治利益和主观臆断），这也导致"疏忽罪"，并开启了代际冲突的大门。这些政客们应当明白，他们的亲人将会为其政治过错而赎罪。

参考文献

A Global Response to Elder Abuse and Neglect: Building Primary Health Care Capacity to Deal with the Problem Worldwide: Main Report, World Health Organization Ageing and Life Course Family and Community Health. WHO Press, Geneva 2008.

Abelin Th., D. Schlettwein-Gsell, "Behinderungen und Bedurfnisse Betagter," *Schweizerische Medizinische Wochenschrift*, 1986, no. 116, pp. 1524 – 1542.

Active Ageing and Solidarity Between Generations. A Statistical Portrait of the European Union 2012, Eurostat, Publications Office of the European Union, Luxembourg 2011.

Aging in OECD Countries. A Critical Policy Challenge, OECD Publishing, Paris 1996.

Ageing Report 2009: Economic and Budetary Projections for the EU – 27 Member States (2008 – 2060), Joint Report prepared by the European Commission (DG ECFIN) and the Economic Policy Committee (AWG).

Albrecht G. L., Verbrugge L., "The global emergence of disability," in G. L. Albrecht, R. Fitzpatrick, S. C. Scrimshaw (eds.), *Handbook of Social Studies in Health and Medicine*, London 2000.

AtchelyR. C., "A continuity theory of normal aging," Gerontologist, 1989, no. 29, pp. 183 – 190.

Atchely R. C., A. Barusch, *Social Forces and Aging. Introduction to Social Gerontology*, Wadsworth Publishing Co., Belmont, Ca 2005.

Averting the Old Age Crisis, The World Bank Publication, 1994.

Baltes M., "The psychology of the oldest-old: The Fourth Age," *Current Opinion in Psychiatry*, 1998, no. 11, pp. 411 – 415.

Baltes M., Carstensen L., "The Process of Successful Ageing," *Aging and Society*, 1996, no. 16, pp. 397 – 422.

Baltes P., "On the Incomplete Architecture of Human Ontogeny: Selection, Optimization, and Compensation as Foundation of Developmental Theory," *American Psychologist*, 1997, no. 52, pp. 366 – 380.

Balets P., Baltes M. (eds.), *Successful Aging: Perspectives from the Behavioral Science*, Cambridge University Press, New York 1990.

Baltes P., Mayer K. (eds.), *The Berlin Aging Study: Aging from 70 to 100*, Cambridge University Press, New York 1999.

Baltes P., Smith J., *New Frontiers in the Future of Aging: from Successful Aging of the Young Old to the Dilemmas of the Fourth Age*, George Maddox Lecture Series, Duke University, Durham 2002.

Baltes P., J. Smith, "Toward a Psychology of Wisdom and Its Ontogenesis," in R. Sternberg (ed.), *Wisdom: Its Nature, Origins and Development*, Cambridge University Press, Cambridge 1990, pp. 87 – 120.

Banks J., Breeze E., Lessof C., Nazroo J., *Living in the 21st Cenruty : Older People in England-The 2006 English Longitudinal Study of Ageing (Wave 2 and 3)*, Institute for Fiscal Studies, London 2006.

Barnes M., Blom A., Cox K., Lessof C., Walker A., *The Social Exclusion of Older People: Evidence From the First Wave of the English Longitudinal Study of Aging (ELSA)*. Final Report, Office of the Deputy Prime Minister (Creating Sustainable Communities), London 2006.

Bartlett H., Harper P., *Intergenerational Relations Research Workshop. Report*, Research Network in Ageing Well, University of Quinsland, Brisbane 2006.

Bartlett H. , *Ageing Well and Maintaining Independence into the Future*, Australasian Centre of Aging, University of Queensland, Brisbane 2007.

Bearon L. , "Successful Aging: What does the good life look like?", *Concepts in Geronotology*, 1996, vol. 1, no. 3.

Beers D. , Mršnik M. , *Global Aging 2010: A Worldwide Challenge*, Standard & Poor's Financial Services, McGraw-Hill, New York 2010.

Belsky J. , *The psychology of ageing. Theory, Research, and Practice*, Monterey 1984.

Bengtson V. , "Is the Contract 'Across Generation' Changing? Effects of Population Aging on Obligations and Expectations Across Age Groups," in Bengtson V, Achenbaum W. (eds.), *The Changing Contract Across Generations*, Aldine de Guyter, New York 1993.

Bengtson V. , Oyama P. , *Intergenerational Solidarity: Strenghten Econnomic and Social Affairs-Division for Social Policy and Development*, New York 2007.

Bijnen F. , Feskens E. , Caspersen C. , Mosterd W. , Kromhout D. , "Age, Period, and Cohort Effects on Physical Acitivity Among Elderly Men During 10 Years of Follow-up: The Zutphen Elderly Study," *Journals of Gerontology Series A: Biological Sciences and Medical Sciences*, 1998, vol. 53 (3), pp. 235 – 241.

Binstock R. , George L. (eds.), *Handbook of Aging and the Social Sciences*, Academic Press, San Diego, Ca 2001.

Błędowski P. , "Polityka społeczna wobec osób starszych w UE i w Polsce" [Social Policy Towards the Elderly in the EU and in Poland], in K. Głąbicka (ed.), *Społeczne skutki integracji Polski z Unią Europejską* [Social Consequences of the Integration of Poland into the EU], Elipsa, Warsaw 1999, pp. 138 – 161.

Boersch-Supan A. , Heller G. , Reil-Held A. , "Is intergenerational cohesion falling apart in old Europe ?" *Public Policy & Aging Report*, 2011, vol. 21, no. 4, pp. 17 – 21.

Bonnie R. , *Elder Minstreatment*: *Abuse and Neglect, and Exploitation in an Aging America*, National Academies Press, Washington, D. C. 2003.

Brockmann H. , Gampe J. , *The Cost of Population Aging*: *Forecasting Future Hospital Expenses in Germany*, Working Papers of the Max Planc.

Bromley D. , *The Psychology of Human Ageing*, Penguin, London 1966.

Brzezińska A. , Stolarska M. , Zielińska J. , "Poczucie jakości życia w okresie dorosłości" [The Sense of the Quality of Life in Adulthood], in K. Appelt, J. Wojciechowska (eds.), *Zadania i role społeczne w okresie dorosłości* [Social Tasks and Roles in Adulthood], Wydawnictwo Fundacji Humaniora, Poznan 2001, pp. 103 – 126.

Brzezińska A. , Woźniak Z. , *Wielkopolska przyjazna seniorom. Projekt systemowy dla województwa wielkopolskiego*; *Budowanie psychospołecznych warunków pomyślnego starzenia się (propozycje wstępne)* [Senior-Friendly Wielkoposka. Systemic Project for Wielkoposkie Region: Developing Psychological and Social Conditions for Successful Ageing (Initial Proposals)], Regionalny Ośrodek Polityki Społecznej, Poznan 2011 (photocopied material).

Butler R. , Lewis M. , *Aging and Mental Health. Positive Psychosocial and Biomedical Approaches*, London 1986.

Cahill G. , "Primer on Social Innovation: A Compendium of Definitions Developed by Organizations Around the World," *The Philanthropist*, 2010, vol. 23, no. 3.

Caregiving and Older Persons-Gender Dimensions. Expert Group Meeting, International Institute on Ageing, United Nations, Division for Social Policy and Development, Programme on Ageing United Nations Division for the Advancement of Women, Malta, 30. 11 – 2. 12. 1997.

Chandler M. , Holliday P. , "Wisdom in a Post Apocaliptic Age," in

R. Sterngberg (ed.), *Wisdom: Its Nature, Origins and Development*, Cambridge University Press, Cambridge 1990.

Chernoff R., Lipschitz D., *Health Promotion and Disease Prevention in The Elderly*, Raven Press, New York 1988.

Clemen-Stone S., Eigisti D., McGuire S., *Comprehensive Family and Community Health Nursing*, McGraw-Hill, St. Louis 1991.

Colozzi I., "Zasada pomocniczości a trzeci sektor" [The Subsidiarity Principle and the Third Sector], Społecznstwo, 1998, no. 1, pp. 129 – 133.

Confronting Demographic Change: a New Solidarity Between the Generations, Green Paper: Commission of the European Communities. Brussels, 16.03.2005, COM (2005) 94 FINAL.

Coni N., Davidson W., Webster F., *Ageing*, Oxford University Press, Oxford 1998.

Corry J., Cimbolik P., Drugs. Facts, *Alternatives, Decisions*, Belmont, Ca 1985.

Cowill D., "Aging and Moderniztion: A Revision on the Theory," in J. F. Gburium (ed.), *Late Life. Communities and Enviromental Policy*, Thomas, Springfield, Ill 1974, pp. 123 – 146.

Cowill D., *Ageing around the World*, Wadsworth, Belmont, Ca 1986.

Dankwarth G., Puschel K., "Suizide im Senium," *Zeitschrift fur Gerontologie*, 1991, no. 24 (1), pp. 12 – 16.

Davidson K., Arber S., "Older Men: Their Health Behaviours and Partnership Status," in A. Walker, C. Hagan Hennessy (eds.), *Growing Older: Quality of Life in Old Age*, McGraw-Hill, Maidenhead 2004, pp. 127 – 148.

Derejczyk J., Grodzicki T., Jakrzewska-Sawińska A., Jóźwiak A., Klich A., Wieczorowska-Tobis K., Woźniak Z., "Standardy świadczenia usług medycznych w specjalności geriatria" [Service Standard in Geriatric Medicine], *Gerontologia Polska*, 2005, vol. 13, no. 2, pp. 67 – 83.

Dychtwald K. , *Speculations on the Future of Aging*, INSIDE Magazine, 21st Century Publishners, Hawaii 1997.

Dychtwald K. , Kadlec D. , *The Power Years: A User's Guide to the Rest of Your Life*, John Wiley and Sons, New Jersey 2005.

Edlin R. , Round J. , McCabe CH. , Sculpher M. , Claxton K. , Cookson R. , *Cost-effectiveness Analysis and Ageism: a Review of the Theoretical Literature*, Institute of Health Sciences, Leeds University, Leeds 2008.

Edwards P. , *Active Ageing. A Policy Framework*, World Health Organization to the Second United Nations World Assembly on Ageing, Madrid 2002.

Elder Abuse and Neglect: In Search of Solutions, Aging Issues, Public Interest-APA on Line, American Psychological Association, Washington D. C. 2008.

Ellinger-Weber P. , "Medikamentengebrauch und Medikamentenabhangigkeit im Alter-unter besonderer alterer Frauen," in *Alter and Sucht*, Hamburg 1990.

Estes C. , Linkins K. , "Critical Perspectives on Health and Aging," in C. Harrington, C. L. Estes (eds.), *Health Policy*, Jones & Bartless Publishers, Boston 2008, pp. 97 – 101.

Eyde D. , Rich J. , *Psychological Distress on Aging. Family Management Mode*, Rockville 1983

Field M. , Cassel C. (eds.), *Approaching Death: Improving Care at the End of Life*, National Academy Press, Washington, D. C. , 1997.

Fikus M. , "Moja, twoja, nasza, Starość" [Ageing: Mine, Yours, Ours], *Wiedza i Życie*, 1998, no. 11.

Flanagan J. , "A Research Approach to Improving Our Quality of Life," *Amrican Psychology*, 1978, no. 33, pp. 138 – 147.

Franklin J. , Hickie J. , "Strategies for Housing Policy Action in an Aging America," *Public Policy & Aging Report*, 2011, vol. 21, no. 4, pp. 22 – 25.

Fries J. , Crapo L. , *Vitality and Aging. Implications of the Rectangular*

Curve, W. H. Freeman and Co. , San Francisco 1981.

Future Ageing, *Inquiry into Long-term strategies to Address the Ageing of the Australian Population over the Next 40 Years*, The House of Representatives Standing Committeee on Health and Ageing, Canberra 2005.

Giannakourris K. , "Aging Characterises the Demographic Perspectives of European Societies," Eurostat. *Statistics in Focus*, 2008, no. 72.

Global Aging, *The Challenge of the New Millenium*, Watson Wyatt Data Services, New York 2000.

Goban-Klas T. , Sienkiewicz P. , *Społeczeństwo informacyjne: Szanse, zagrożenia, wyzwania* [The Information Society-Opportunities, Threats, Challenges], Wydawnictwo Fundacji Postępu Telekonunikacji, Cracow 1999.

Goldman D. , Cutlery D. , Shangz B. , Joyce G. , "The Value of Elderly Disease Prevention," *Forum for Health Economics & Policy*, 2006, vol. 9, no. 2, art. 1 (Biomedical Research and the Economy).

Halicka M. , "Człowiek stary jako ofiara nadużyć" [Older people as victims of abuse], *Gerontologia Polska*, 1996, vol. 4, pp. XXXVI – XL; M. Halicka, J. Halicki (eds.).

Halicka M. , "Elder Abuse and Neglect in Poland" *Journal Elder Abuse and Neglect*, 1995, vol. 6, no. 3 – 4, pp. 157 – 169.

Halicka M. , *Satysfakcja życiowa ludzi starych. Studium teoretyczno-empiryczne* [Life Satisfaction of the Elderly. A Theoretical and Empirical Study], Akademia Medyczna w Białymostoku, Bialystok, 2004.

Halicka M. , Halicki J. , *Zostawić ślad na ziemi. Księga pamiątkowa dedykowana Profesorowi Wojciehowi Pędichowi w 80. Rocznicę urodzin i 55. Rocznicę pracy naukowej* [TO Leave a Trace in the World. Collected works dedicated to Prof. Wojciech Pędich], Wydawnictwo Uniwersytetu w Białymstoku, Bialystok 2006.

Halicka M., Halicki J. (eds.), *Nadużycia i zaniedbania wobec osób dorosłych. Naprzykładzie badańśrodowiskowych w województwie podlaskim* [Adult Abuse and Neglect. The Example of Field Research in Podlaskie Region], Temida2, Bialystok 2010.

Halicka M., Kramkowska E., "Uczestnictwo ludzi starych w życiu społecznym" [The Participation of the Elderly in Social Life], in J. Hrynkiewicz (ed.), *O sytuacji ludzi starszych* [About the Situation of the Elderly], Rządowa Rada Ludnościowa, GUS, Warsaw 2012, pp. 33 - 50.

Hamilton I., *The Psychology of Aging: an Introduction*, Jessica Kingsley Publishers, London 2006.

Hank K., Spatial Proximity and Contacts Between Elderly and their Adult Children: A European Comparison, University of Mannheim, Mannheim 2005.

Harper P., *Generations and Life Course: The impact of Demographic Challenges on Education 2010 - 2050*, Institute of Aging, Oxford 2008, p. 2.

Harrison F., *Policy, Strategy, and Managerial Action*, Houghton Mifflin Co., Boston 1986.

Hatton-Yeo A., Ohsako T., *Intergenerational Programmes: Public Policy and Research implications an International Perspective*, The UNESCO Institute for Education, The Beth Johnson Foundation, Hamburg, 2000.

Havighurst R., "Sucessful Aging," *The Gerontologist*, 1961, no. 1, pp. 4 - 7.

Hayflick L., *How and Why We Age*, Ballantine Books, New York 1996.

"Health Promotion and Disease Prevention," United Nations Economic Commission for Europe (UNECE), Policy Brief on Ageing, 2010, no. 6.

Heikkinen E., "Health Implications of Population Ageing in Europe," *World Health Statistics. The Impact of Demographic Trends on Health*, 1987, vol. 40, no. 1, pp. 25, 33.

Henry P., *Active Ageing and Intergenerational Solidarity: Findings, Issue and Perspectives*, Institute for Quality of Daily Life SODEXO, 2011.

Hodgins M., McKenna V., D'Eath M., *Enhancing the Quality of Life of Older People in Poverty (With Particular Reference to Those Living Alone)*, Health Promotion Research Centre-NUI Galway: Combat Poverty Agency Research Seminar: 30 January 2007.

Holzmann R., J. Stiglitz (eds), *New Ideas about Social Security*, World Bank, Washington, D. C. 2001.

Hrynkiewicz J. (ed.), *O sytuacji ludzi starszych* [About the Situation of the Elderly], Rządowa Rada Ludnościowa, GUS, Warsaw 2012.

Huber J., Skidmore P., *The New Old. Why Baby Boomers Won't Be Pensioned off?*, Demos, London 2003.

Hubert A., *Empowering People, Priving Change. Social Innovation in the European Union*, The Bureau of European Policy Advisors at the European Commission, Brussels 2010. "Intergenerational Solidarity," The Flah Eurobarometer, 2009, no. 269.

Intergenerational Solidarity the Way Forward. Proposals from the NGO Coalition for a 2012 European Year for Active Ageing and Intergenerational Solidarity, NGO Coalition on Intergenerational Solidarity, Brussels 2010.

Jeune B., Christensen K., "Biodemography and Epidemiology of Longevity," in M. L. Johnson (ed.), *The Cambridge Handbook of Age and Aging*, Cambridge University Press, Cambridge-New York-Melbourne-Madrid-Cape Town-Singapore-Sao Paulo 2005.

Johnson M. L. (ed.), *The Cambridge Handbook of Age and Aging*, Cambridge University Press, Cambridge-New York-Melbourne-Madrid-Cape Town-Sigapore-Sao Paulo 20 – 05.

Jóźwiak J., "Teorie przejścia van de Kaa" [Van de Kaa's Theory of Transitions], Gazeta SGH, 2003, no. 174.

Kaczmarczyk M., Trafiałek E., "Aktywizacja osób w starszym wieku jako szansa na pomyślne star" [Activation of the Elderly as a Chance for Successful Ageing], *Gerontologia Polska*, 2007, vol. 15, no. 4.

Kalache A., "WHO Aging and Health Programme," in J. P. Michel, P. R. Hof, *Management of Aging*. The University of Geneva Experience, Basel 1999, pp. 247 – 260.

Kalache A., Barreto S., Keller I., "Global Aging. The Demographic Revolution in All Cultures and Societies," in M. L. Johnson (ed.1), *The Cambridge Handbook of Age and Aging*, Cambridge University Press, Cambridge-New York-Melbourne-Madrid-Cape Town-Sigapore-Sao Paulo 20 – 05, pp. 30 – 46.

Kalmijn M., *Theories About Intergenerational Solidarity*, Department of Social Cultural Sciences. Tilburg University, Tilburg 2005.

Kane R., "Empiric Approaches to Prevention in the Elderly: Are You Promoting Too Much?", in R. Chernoff, D. Lipschitz (eds.), *Health Promotion and Disease Prevention in the Elderly*, Raven Press, New York 1988.

Kapella O., A. – C. de Liedekerke, Spence L., RadunovichH., *Developing intergenerational relationships*, University of Florida, Florida 2010.

Kearney M., "The Local and Global: Anthropology of Globalisation and Transnationalism", *Annual Review of Anthropology*, 1995, no. 24, pp. 547.

Kenny R., "Mobility and falls" in M. L. Johnson (ed.), *The Cambridge Handbook of Age and Aging*, Cambridge University Press, Cambridge-New York-Melbourne-Madrid-Cape Town-Sigapore-Sao Paulo 20 – 05.

Kędziora-Kornatowska K., Grzanka-Tykwińska A., "Osoby starsze w społeczeństwie informacyjnym" [The Elderly in the information Society], Gerontologia Polska, 2011, no. 19 (2), pp. 107 – 111.

Kirkwood T., "The Biological Science of Human Ageing", in M. L. Johnson (ed.), *The Cambridge Handbook of Age and Ageing*, Cambridge University Press, Cambridge-New York-Melbourne-Madrid-Cape Town-Singapore-Sao Paulo 2005.

Kirkwood T. , *Time of Our Lives*: *The Science of Human Aging*, Oxford University Press, New York 1999.

Kirkwood T. Austad P. , "Why Do We Age?" *Nature*, 2000, no. 408, pp. 233 - 238.

Kirst-Ashman K. , Grafton Hull H. Jr. , *Understanding Generalist Practice*, Nelson-Hall Publishers, Chicago 1993.

Kluczyńska S. , "Aby chciało się chcieć. Teoria wyuczonejn bezradności" [Care to Care. The Theory of Learned Helplessness], *Niebieska Linia*, 1999, no. 5.

Kocemba J. , "Biologiczne wyznaczniki starości" [Biological Determinants of Ageing], in A. Panek, Z. Szarota (eds.), *Zrozumieć starość* [Understanding Old Age], Test, Cracow 2000.

Kowaleski J. , Szukalsi P. (eds.), *Starość i starzenie się jako doświadczenie jednostek i zbiorowości ludzkich* [Ageing and Old Age as a Personal and Collective Experience], Zakład Demografii UŁ, Lodz 2006.

Krug E. , Dahlberg L. , Mercy J. , Zwi A. , Lozano R. (eds.), *World Report on Violence and Health*, World Health Organization, Geneva 2002.

Leońska L. , Woźniak Z. (eds.), *Profile starości* [Profiles of Old Age], Wydawnictwo Miejskie, Poznan 2000.

Lifelong Preparation for Old Age in Asia and the Pacific, ESCAP, 1996.

Lindenberger U. Baltes P. "Intellectual Functioning in Old and Very Old Age: Cross-sectional Results from the Berlin Aging Study," *Psychology and Aging*, 1997, no. 12, pp. 410 - 432.

Lisowski A. , *Badanie potrzeb społecznych* [Studying Social Needs], Warsaw 1996.

Lowenstein A. , "Solidarity-conflit and Ambivalence : Testing Two Conceptual Frameworks and Their Impact on Quality for Older Family Members," *Journal of Gerontology Social Science*, 2007, no. 62, pp. 100 - 107.

Luhmann N., *Political Theory in the Welfare State*, de Gruyter, Berlin 1994.

Lundström F., *Supporting Grandparents Caring for their Grandchildren, A Comhairle Social Policy Report*: Social Policy Series, 2005.

Macura M., MacDonald A., Haug W. (eds.), *The New Demographic Regime. Population Challenges and Policy Responses*, United Nations: Economic Commission for Europe and Population Fund, New York-Geneva 2005.

McClearn G., Petrill S., "The Genetics of Behavioural Ageing," in M. L. Johnson (ed.), *The Cambridge Handbook of Age and Ageing*, Cambridge University Press, Cambridge-New York-Melbourne-Madrid-Cape Town-Singapore-Sao Paulo 2005.

Meulen R. ter, *Are There Limits to Solidarity with the Elderly?*, Hastings Center Report, Sept-Oct 1994.

Michaud C., "The Global Burden of Disease and Injuries in 1990," *International Social Science Journal. Health Policies and Social Values*, 1999, no. 161, pp. 287 – 296.

Moody H., *Four Scenarios for an Aging Society*, Hastings Center Report, Sept-Oct 1994.

Moor N., Komter A., *Demographic Changes, Intergenerational Solidarity and Well-being in Europe: A Comparative Approach*, UE Multilinks: Position Paper, 2008.

Mossakowska M., Więcek A., Błędowski P. (eds.), *Aspekty medyczne, psychologiczne, socjologiczne I ekonomiczne starzenia sie ludzi w Plosce* [Medical, Psychological, Social and Economic Aspects of Ageing in Poland], Termedia Wyadawnictwo Medyczne, Poznan 2012.

Mulgan G., *The Open Book of Social Innovation*, Social Innovator Series: Ways to Design, Develop and Grow Social Innovation, London 2010; F. Westley, N. Antadze, "Making a Differnce: Strategies for Scaling Social Innovation for Greater Impact," *The Innovation Journal: The Public*

Sector Innovaion Journal, 2010, no. 2.

Murray R., Caulier-Grice J., Mulgan G., *The Open Book of Social Innovation*, Social Innovator Series: Ways to Design, Develop and Grow Social Innovation, London 2010; F. Westley, N. Antadze, "Making a Differnce: Strategies for Scaling Social Innovation for Greater Impact," *The Innovation Journal: The Public Sector Innovaion Journal*, 2010, no. 2.

Narodowa Strategia Integracji Społecznej dla Polski [National Strategy of Social Integration for Poland], Ministerstwo Pracy I Pofflityki Społecznej, Zespół Zdaniowy ds. Reintegracji Społecznej, Warsaw 2003.

Nauck B., Steinbach A., *Intergenerational Relationships*, German Council for Social and Economic Data (RatSWD), Working Paper, 2009, no. 116.

Nusberg C. H., *Strategies for a Society for All Ages*, American Association of Retired Persons, Washingtong, D. C. 1998.

Older People and Transition Economies: An Overview of their Plight in the ECA Region, Environmentally and Sustainable Development, World Bank, Washington D. C. 1999.

Olshansky S., Carnes B., Desesquelles A., "Prospects for Longevity," Science, 2001, no. 291, pp. 1491–1492.

Opatz J., *Primer of Health Promotion. Creating Healthy Organizational Cultures*, Oryn Publications, Wshington D. C. 1985.

Paper on Relevance to EU Social Objectives, European Commission, Research Directorate-General; Programme: Quality of Life and Management of Living Resources-The Aging Population and Disabilities, Brussels, 11.04.2000.

Peterson P., *Gray Dawn: How the Coming Age Wave will Transform America-And the World*, Times Books-Random House, New York 1999.

Phillipson C., Scharf T., *The Impact of Government Policy on Social Exclusion Among Older People*, Office of the Deputy Prime Minister, Social Exclusion Unit, London 2004.

Phillis J. A. Jr. Deiglmeier K., Miller D. T., "Rediscovering Social Innovation," *Stanford Social Innovation Review*, 2008, vol. 6, no. 4.

Pierce M., Timonen V., *A Discussion Paper on Theories of Ageing*, Center for Ageing Research and Development in Ireland, Dublin 2010.

Piotrowski J., Miejsce człowieka starego w rodzinie i społeczeństwie [The position of the elderly within the family and the society], PWN, Warsaw 1974, p. 86.

Pitt B., *Psychogeriatrics*, Churchill Livingstone, Edinburgh 1976.

Poggeler F., "Zwischen Isolation und Emantzipation-Zur Zeitfreizeit im Alter," *Zeitschrift fur Kritische Kulturarbeit, Frezeitpolitik und Tourismusforschung*, 1990, no. 3 – 4, p. 114 – 118.

Powell J. L., Edwards M. M., "Policy Narratives of Aging: The Right Way, the Third Way or the Wrong Way?", *Electronic Journal of Sociology*, 2002.

Pruszyński J. J., Gębka-Kuczerowska A., "Niebezpieczna starość" [The Dangers of Old Age], Niebieska Linia, 2006, no. 6, pp. 8 – 10.

Racław M. (ED.) Publiczna troska, prywatna opieka. *Społeczności lokalne wobec osób starszych* [Public Concern, Private Care. Local Communities Towards the Elderly], Instytut Spraw Publicznych, Warsaw 2011.

Rathbone-McCuan E., Hashimi J., *Isolated Elders. Health and Social Intervention*, An Aspen Publication, London 1982.

Report of Secretary General International Year of Older Persons 1999: Activities and Legacies. Hightlights of an Expert Consultation on Developing a Policy Framework for a Society for All Ages, From the Annex of A54/269 – międzyregionalna konsultacja ekspertów w Seulu [Inter-regional Expert Panel in Seul], 11 – 16 June 1999.

Report of the World Assembly on Ageing, Vienna 26 July – 6 August 1982 (UN publication, no. E. 82. 01. 16, VI, A, par. 49).

Rowe J., Kahn R., *Successful Aging*, Random House, New York 1999.

Rudnicka-Drożek E., Latalski M., "Rodzaje przemocy wobec kobiet po 65.

roku żecia" [Types of Violence against Women over 65, in J. Kowaleski, P. Szukalsi (eds.), *Starość i starzenie się jako doświadczenie jednostek i zbiorowości ludzkich* [Ageing and Old Age as a Personal and Collective Experience], Zakład Demografii UŁ, Lodz 2006.

Scanaill C., Garattini Ch., Greene B., McGrath M., "Technology Innovation Enabling Falls Risk Assessment in a Community Setting," *Ageing International*, 20 - 11, no. 36, p. 228.

Scharf T., Phillipson C., Smith A., "Poverty and Social Exclusion-Growing Older in Deprived Urban Neighbourhoods," in A. Walker, C. Hagan Hennessy (eds.), *Growing Older : Quality of Life in Old Age*, McGraw-Hill, Maidenhead 2004, pp. 81 - 106.

Scharlach A., "Creating Aging-Friendly Communities in the United States," *Ageing International*, 2012, no. 37, pp. 25 - 38.

Schmidtke A., Weinacker B., "Suizidtaten, Suizidmethoden und unklare Todesursachen alter Menschen," *Zeitschrift fur Gerontologie*, 1991, no. 24 (1), pp. 3 - 11.

Schoenmaecker R. C., *Population Ageing and its Challenges to Social Policies. Disaster Scenario or Success Story?*, Keynote speech on European Population Conference 2005. Palais de l'Europe, Strasbourg 2005.

Seligman M., *Learned Optimism: How to Change Your Mind and Your Life*, Knopf Doubleday Publishing Group, New York 2011.

Serrat O., "Sparking Social Innovation," *Knowledge Solutions*, 2010, vol. 15, no. 2.

Settersten R. Jr., Angel J. L. (eds.), *Handbook of Sociology of Aging*, Springer, New York-Dordrecht-Heidelberg-London 2011.

Silver H., "Reconceptualizing Social Disadvantage: Three Paradigms of Social Exclusion," in G. Rogers, Ch. Gore, J. B. Figueiredo (eds.), *Social Exclusion: Rheotoric Reality Responses*, International Institute for Labour Studies, International Labour Organization, Geneva 1995.

Silverstein M., Bengtson V. L., "Intergenerational Solidarity and the Structure of Adult Child-Parent Relationships in American Families," *American Journal of Sociology*, 1997.

Silverstein M., Burholt V., Bengtson V. L., "Parent-Child relations Among Very Old Parents in Wales and the United States," *Journal of Aging Studies*, 1998, vol. 12, no. 4, pp. 387 – 409.

Sohail I., "Ageing: Alternative Futures and Policy Choices," *Foresight*, 2003, no. 5 – 6, pp. 8 – 17.

Somers A., "Preventive Health Services for the Elderly: Growing Consensus," in R. Chernoff, D. Lipschitz (eds.), *Health Promotion and Disease Prevention in the Elderly*, Aging Series, vol. 35, Raven Press, New York 1988.

Spence L., Radunovich H., *Developing Intergenerational Relationships*, University of Florida, Gainsville 2010.

Spicker P., *Solidarity Between Generations: A Conceptual Account*. 4th International Research Conference on Social Security: Social Security in a Long Life Society, Antwerp, 5 – 7 May 2003.

Spangenberg J., *Scenarios and Decision Making: Finding Integration Synergies, Avoiding Risks*, Presentation at the SEIT anniversary, Tallinn, Estonia, 8 November 2007.

Staab A., Lyles M., *Manual of Geriatric Nursing*, Gleneview, London 1990.

Stadelhofer C., *Dialog Between Young and Old*, Active Citizenship Training Initiative for Volunteers in Europe, Venice 9 – 13 December 2008, session 5.

Steel R., *Involving Marginalised and Vulnerable People in Research: A Consultation Document*, Promoting Public Involvement in NHS, Public Health, and Social Care Research, Involve 2004.

Sternberg R., "a Balance Theory of Wisdom," Review of General Psychology, 1998, no. 2, pp. 347 – 365.

Sternberg R. (ed.), *Wisdom: Its Nature, Origins and Development*, Cambridge University Press, Cambridge 1990.

Sternberg R., Grigorenko E., "Intelligence and Wisdom," in M. L. Johnson (ed.) *The Cambridge Handbook of Age and Aging*, Cambridge University Press, Cambridge-New York-Melbourne-Madrid-Cape Town-Singapore-Sao Paulo 2005.

Steyaert S., Eggermont S., Vandebosch H., *Towards the Desired Future of the Elderly and Information and Communications Technology (ICT): Policy Recommendations Based on a Dialogue with Senior Citizens*, Second International Seville Seminar on Future-oriented Technology Analysis: Impact of FTA Approaches on Policy and Decision-making-Seville 28 – 29 September 2006.

Stuckelberger., "Networking in the 21st Century: GINA-International Network on Aging," in J. P. Michel, P. R. Hof, *Management of aging*, Karger, Basel-Freiburg-Paris-London-New York 1999, pp. 236 – 245.

Stuckelberg A., Vikat A. (eds.), *A Society for All Ages. Challenges and Opportunities*, United Naions Economic Commission for Europe, New York-Geneva 2008.

Stutz H., Bauer T., Schmugge P., *Inheritance in Switzerland. An emprirical analysis with special consideration of ambivalent generational relations, Summary of research project Childhood, Youth and Intergenerational Relationships in a Changing Society*, Berne 2006.

Sutton R., *The Policy Process: On Overview*, Chameleon Press, London 1999.

Synak B. (ed.), *Polska starość* [Polish Old Age], Wydawnictwo Uniwersytetu Gdańskiego, Gdansk 2002.

Szarfenberg R., *Marginalizacja I wykluczenie społeczne* [Marginalisation and Social Exclusion], Instytut Polityki Społecznej UW, Warsaw 2008.

Szatur-Jaworska B., *Jakość życia w fazie starości-próba diagnozy* [Quality of Life in Old Age: Diagnosis], Instytut Polityki Społecznej, Uniwersytet

Warszawski, Warsaw 2006 [photocopial materials].

Szatur-Jaworska B., *Ludzie starzy i starość w polityce społecznej* [Elderly People and Old Age in Social Policy], Dom Wydawniczy Elipsa, Warsaw 2000.

Szatur-Jaworska B., *Stan przestrzegania praw osób starszych w Polsce. Analiza I rekomendacje działań* [Respecting the Rights of the Elderly in Poland. An Analysis and Recommendations for Action], Biuletyn Rzecznika Praw Obywatelskich-Materiły, Warsaw 2008.

Szumlicz T., *Modele polityki społecznej* [Models of Social Policy], Monografie i Opracowania nr 376, SGH, Warsaw 1994.

Szydlik M., "Intergenerational Solidarity and Conflict," *Journal of Comparative Family Studies*, 2008, vol. 39, no. 1, pp. 97 – 14.

The World Aging Situation, United Nations, New York 1991.

Thomae H. (ed.), *Patterns of Aging. Findings from the Bonn Longitudinal Study of Aging*, Basel 1976.

Tibbitts C. (ed.), *Handbook of Social Gerontology, Societal Aspects of Aging*, University of Chicago, Chicago 1960.

Tobiasz-Adamczyk B., "Jakość życia w starości-definicja, pojęcia" [Quality of Life in Old Age: Definition and Concepts], in A. Panek, Z. Szarota (eds.), *Zrozumieć starość* [Understanding Old Age], Test, Cracow 2000, pp. 69 – 78.

Tobiasz-Adamczyk B. (ed.), *Przemoc wobec osób starszych* [Violence Against the Elderly], Wydawnictwo Uniwersytetu Jagiellońskiego, Cracow 2009.

Toffler A., *Powershift: Knowledge, Wealth and Violence at the Edge of the 21st Century*, Bentam Books, New York 1990.

Toward a Europe for All Age. Promoting Prosperity and Integenerational Solidarity, Commission of the European Communities, Brussels 1999, COM 221 final.

Toward a Europe for All Ages, Age Statement for the European Year of Equal

Opportunities for All, The European Older People's Platform, Brussel 2007.

Tulle E. , "The Ageing Body and The Ontology of Ageing: Athletic Competence in Later Life," *Body & Society*, 2008, vol. 14, no. 3.

Understanding and Combating Elder Abuse in Minority Communities, Archstone Foundation and the National Center on Elder Abuse, Long Beach, CA 1998.

Valliant Higginson M. , *Management Policies I: Their Development at Corporate Guide*, AMA Research Study 76, New York 1966.

Verbrugge L. , "Disability in Late Life," in R. Abeles, H. Gift, M. Ory (eds.), *Aging and Quality of Life*, Springer, New York 1994, pp. 79 – 98.

Walker A. , Barnes M. , *The Social Exclusion of Older People: Evidence from the First Wave of the English Longitudinal Study of Aging (ELSA). Final Report*, Office of the Deputy Prime Minister (Creating sustainable communities), London 2006.

Wallace P. , *Agequake: Riding the Demographic Rollercoaster Shaking Business, Finance and Our World*, Nicholas Brealey Publishing, Boston-London, 2001.

Wan K. P. , *An Exploratory Study of the Elderly People's Perception of Quality of Life*, Department of Social Work and Social Administration, University of Hong Kong, Hong Kong 1997.

Wattenberg B. , "European Union? European Ostrich!" *Jewish World Review*, 2000, no. 6.

Wehr P. , "Die Freizeit der' Neuen Alten'. Daten Fakten," Freizeit-Padagogik. Zeitschrift fur Kritsche Kulturarbeit, Freizeitpolitik und Tourismusforschung, 1990, no. 3 – 4, pp. 103 – 113.

Wenger G. , Davis R. , Shahtah-masebi S. , Scott A. , "Social Isolation and Loneliness in Old Age: Review and Model Refinement," *Ageing and So-*

ciety, 1996, no. 16, pp. 333 – 358.

Weiss C. , "Research-policy Linkage: How Much Influence Does Social Science Research Have?" in *World Social Science. Report 1999*, UNESCO Publishing, Elsevier, Paris-London 1999.

Westley F. , Antadze N. , "Making a Difference: Strategies for Scaling Social Innovation for Greater Impact," *The Innovation Journal: The Public Sector Innovation Journal*, 2010, no. 2.

Wiggins R. , Netuveli G. , Hyde M. , Higgs P. , Blane D. , "The Evaluation of a Self-enumerated Scale of Quality of Life (CASP – 19) in the Context of Research on Ageing: A Combination of Exploratory and Confirmatory Approaches," *Social Indicators Research*, 2008, no. 89, pp. 61 – 77.

Woźniak Z. , "Present Situation and Future Prospects of Social Policy Aimed at Senior Citizens Against the Background of the Globalization of Ageing", in M. Ziółkowski (ed.), *Ludzie przełomu tysiąclecia a cywilizacja przyszłości*, [The People of the Turn of the Millennium vs. the Civilisation of the Future], Wydawnictwo Fundacji Humaniora, Poznan 2001.

Woźniak Z. , "Priorytety w programach gerontologicznych I struktur europejskich jako przesłanka budowy polityki społecznej wobec starości I osób starszych" [Priorities in Gerontological and European Programmers as a Condition for the Construction of Social Policy Aimed at Aging and the Elderly], in M. Szlązak (ed.), *Starzenie się populacji wyzwaniem dla polityki społecznej* [Ageing Population: a Challenge for Social Policy], Regionalny Ośrodek Polityki Społecznej Cracow 2003.

Woźniak Z. , "Globalne cele polityki społecznej wobec seniorów priorytetem programów gerontologicznych" [Global Aims of Social Policy aimed at the Elderly as a Priority for Gerontological Programmes], in *Jesień, moja ulubiona pora roku-sprawdzone pomysły na twórczą I aktywną starość* [Autumn, my Favorite Time of Year-Proven Ideas for Creative and Active Ageing], Akademia Filantropii, Warsaw 2003.

Woźniak Z., Niepełnosprawność I niepełnosprawni w polityce społecznej. Społecznej kontekst medycznego problem [Disability and Disabled in Social Policy. Social Context of a Medical Problem], Wydawnictwo Szkoły Wyższej Psychologii Społecznej Academica, Warsaw 2008.

Woźniak Z., Najstarsi zpoznańskich seniorów. Jesień życia w perspektywie gerontologicznej [The Oldest of Poznan Senior Citizens. The Autumn of Life from Gerontological Perspective], Wydawnictwo Miejskie, Poznan 1997.

Woźniak Z., R. Cichocki, P. Jabkowski, A. Siakowski, *Jakość życia mieszkańców Poznania zagrożonych marginalizacja i wykluczeniem społecznym (badania wybranych kategorii wysokiego ryzyka wykluczenia). Paport z badań wykonanych na zlecenie Urzedu Miasta Poznania* [Quality of Life of Poznan Citizens at Risk of Marginalisation and Social Exclusion (The study of selected high-risk categories of exclusion). Research report on the studies conducted for the Poznan Municipal Office], Centrum Badania Jakości Życia Uniwersytetu im. Adama Mickiewicza w Poznaniu, Poznan 2009.

Woźniak Z., "Profilaktyka starzenia się i starósci-mrzonka czy konieczność?" [Ageing Prevention: Fantasy or Necessity?], Ruch Prawniczy, Ekonomiczny I Socjologiczny, 2011, no. 1, pp. 231 – 254.

参考网页

"3 Steps Toward a Society for All Ages," in Preparation for 1999-Toward a New Society for All Ages. United Nations, www. un. org/esa/socdev/iyop/iyoppre3. htm [accessed: 5. 09. 2003].

Atlee T., *Transformational Politics*, London 1999, www. co-intelligence. org/CIPOL_TransformPol2. html, p. 1 [accessed 25. 10. 2011].

Atlee T., *Using Synergy, Diversity and Wholeness to Create a Wisdom Culture and Six Facets of Wholeness*, The Co-intelligence Institute, 2001; https://www. co-intelligence. org/Iwholeness. html [accessed: 25. 10. 2011].

Besdine R., *Approach to the Geriatric Patient: Evaluation of the Elderly Patient*, 2009, www. merckmanuals. com/professional/sec23/ch340/ch340c. html [accessed: 14. 11. 2011].

Definition of quality of life-Perception to Factors of Good Life, http://www. ln. edu. hk/apias/qgeing/flash/qol _ def _ f2. htm [accessed: 12. 12. 2006].

Dychtwald K., *The 10 Physical, Social, Spiritual, Economic, and Political Crises the Boomers Will Face as They Age in the 21st Century*, https://www. asaging. org/am/cia/dychtwald. html [accessed: 8. 02. 2012].

Dychtwald K., *The Path to a Successful Retirement: Lessons from the trailblazers*, Healthy Living. AOL Lifestyle, 2011, www. huffingtonpost. com/…

dychtwald/the-path-t [accessed: 8.02.2012].

Elder Abuse Fact Sheet, Administration on Aging and National Center on Elder Abuse, 2009, www.prodevmedia.com/.../elderAbuseFactSheet [accessed: 1.10.2011.

Flanzer S., Lash P., *The Role of Prevention in an Aging and Disability Resource Center*, Aging and Disability, An Initiative of the U.S. Department of Health and Human Services, Technical Assistance Exchange, 2010, www.adrc-tae.org [accessed: 1.09.2012].

Future Scenarios, Brussels, Family Platform, http://www.familyplatform.edu.

Gontarek D., MECH C., *Globalizacja starzenia się-skutki. Kryzysowa sytuacja demograficzna* [Globalisation of Ageing-Consequences. Critical Demographic Situation], 2010, www.globalizacja.org [accessed: 5.11.2011].

International Plan of Action on Aging, 2002, www.un.org/esa/socdev/ageing/waa/ [accessed: 5.08.2003].

Jain A., Bhatt A., *Care of the Elderly in General Practice: A Guide to Geriatric Care*, 2010, oldagesolutions.blogspot.com/2010/02/prevention-of-disease-in-elderly.html [accessed: 20.09.2912].

Lenhart J., *Seven Secrets of Anti-aging*, www.antiagingrevolution.com/book_chap4.html [accessed: 5.08.2007].

Pacala J. *Prevention of Disease and Disability in Elderly*, 2009, www.msd-trinidadtobago.com/mmpe/sec23/ch342/ch342e.html [accessed: 5.08.2003].

Paying for the Past, Providing for the Future: Intergenerational Solidarity, OECD Ministerial Meeting on Social Policy, Paris 2 – 3 May 2011, Session 3., www.oecd.org/social/ministerial [accessed: 26.06.2011].

Preparing for the 21st Century. Focusing on Quality in a Changing Health Care System, http://www.nas.edu/21/health.html [accessed: 23.09.2009].

Raport o kapitale intelektualnym Polski [Report on the Intellectual Capital in

Poland], Zespół Doradców Strategicznych Prezesa Rady Ministrów, Warsaw 2008, www. slideshare. net/Polska2030/raport-o-kapitale- [accessed: 12. 05. 2009].

Tacking the Demographic Challenge. The Survey of Health, Ageing and Retirement in Europe, 2009, www. share-project. org [accessed: 13. 06. 2010].

The National Elder Abuse Incidence Study, U. P. Department of Health and Human Services, *Administration on Aging*, 1998, www. aoa. dhhs. gov/abuse/report/default. htm [accessed: 14. 09. 2008].

Thomas R., Open be Arts, Open Mind, 2005, www. edenmidwest. com/principles/principle1b. html [accessed: 2. 09. 2006].

Towards a Society for All Ages, www. osc. govt. nz/positive-ageing-strategy/publication/towards-a-society. html) [accessed: 23. 05. 2008].

What is normal Aging?, www. agingcarefl. org/aging/normalAging [accessed: 5. 08. 2006].

人名索引

（页码均为原书中的页码）

Ango, Sakaguchi 97 坂口安吾

Arber, Sara 53 莎拉·安珀

Armstrong, Louis 80 路易斯·阿姆斯特朗

Bacon Francis, 117 弗朗西斯·培根

Balcerowicz, Leszek 13 莱谢克·巴尔采罗维奇

Baltes, Paul 29 保罗·巴尔特斯

Bismarck, Otto von 16 奥托·冯·俾斯麦

Bourdieu, Pierre 48 皮埃尔·布迪厄

Breen, Leonard 45 伦纳德·布林

Chamie, Joseph 13 约瑟夫·夏米

Confucius 155 孔子

Crapo, Lawrence 126 劳伦斯·克拉博

Davidson, Kate 53 凯特·戴维森

Diamantopoulou, Anna 8 安娜·季亚曼托普鲁

Durkheim, Emile 69 埃米尔·涂尔干

Dychtwald, Ken 11, 17, 65 肯·戴可沃

Fries, James 126 詹姆斯·弗莱

Galsworthy, John 66 约翰·高尔斯华绥

Giddens, Anthony 16 安东尼·吉登斯

Kaa, Dirk Jan van de 16 德克扬范德·卡奥

Koterski, Marek 68 马雷克·科特斯基

Lec, Stanisław Jerzy 85 139 斯塔尼斯洛·耶日·莱茨

Piotrowski, Jerzy 26 耶日·彼得罗夫斯基

Popper, Karl Raimund 65 卡尔·莱蒙德·波普尔

Rosenmayr, Leopold 24 利奥波德·罗森梅尔

Shaw, George Bernard 161 乔治·伯纳德·肖

Sikora, Ewa 19 艾娃·希克劳

Skarga, Barbara 21 芭芭拉·斯卡格

Smith, Anthony 18 安东尼·史密斯

Stuckelberger, Astrid 17 阿斯特丽德·司徒博

Szatur-Jaworska, Barbara 98 芭芭拉·扎图尔－亚沃尔斯卡

Szumlicz, Tadeusz 119-120 塔德乌什·夏目里斯

Thomae, Hans 35 汉斯·托梅

Tibbitts, Clark 34 克拉克·迪比茨

Waszak, Stanisław 12 斯塔尼斯洛·瓦萨克

偶然、修行与反思
——译后小记

2016年7月的一天，我在哈佛大学怀德纳图书馆（Widener Library）查阅老年学的新近著作，无意间一本题为 *The Elderly in Social Policy-Towards a New Architecture of Gerontological Programmes* 的著作映入我的眼帘，好奇心驱使我把它从书架上取下，办理了借阅手续，一口气读完了这本书。顿觉兹比格纽·渥兹涅克这位来自波兰的老年学专家，其研究视角之精妙、论证之充分、观点之新颖、理念之超前，着实令人叹服。在以"说数、叙事、反思"见长的老年学专著中，该书"讲理、前瞻、设计"的行文风格给我留下了极其深刻的印象。

回国之后，我一直思忖着，若能把这本"奇书"翻译成中文，引进国内，岂不美哉！幸甚，在武汉大学社会学系领导的支持下，我和社会科学文献出版社签订了翻译出版合同，并从2018年1月开始着手翻译工作。

坦白地说，作为"翻译新手"的我，一度低估了原著的翻译难度。全书篇幅不长，约160页，我曾天真地以为，按照每天3~5页的翻译进度，完成此书译作，月余足矣！然而，作者所采用的老年学、政治学、社会学相结合的跨学科视角，使本书从第一章第二节开始，便出现大段的佶屈聱牙之述；作者还经常使用英文词汇的冷僻释义，使得在翻译过程中，要对许多概念、论断反复推敲以免误译；作者对引证、注释规范性近乎苛刻的自律，使书中几乎每页都有详细的页下注和补充说明；作者使用大量图表对重要观点做延展分析，使得实际要翻译的内容远超预估。这些难题一度使翻译工作陷入僵局，每日进展不过一两页，自己亦焦虑不已、狼狈不堪。每当清晨醒来，看着书中密密麻麻的注解和进度贴纸，不禁摇头苦笑。这时，方才想起曾在搜狐"文化"专栏上看到的一句话：专注翻译，何尝不是将心定于一处，何尝不是另外一种修行。

2018年10月左右，译文的初稿基本完成，之后便提交给出版社的隋嘉滨编辑校稿并协助出版事宜。在隋编辑的热心帮助下，译著在行文润色、概念澄清等方面得到了进一步的完善。经反复讨论，隋编辑和我共同商定本译著的书名为《老年社会政策的新视野》，而不是直译原著标题，以凸显原著"新视角、新理念、新方法"的本质特征。

校毕译稿，抚卷长思，不禁感慨地球村中多是鹤发苍颜。正如作者在书中反复强调的，21世纪是老年人的时代，想老人之所想，急老人之所急，以"老有所养"为基础，以"不分年龄，人人共享"为指导思想，以建设"老年友好型社会"为目标，将成为世界各国老龄工作的重中之重。

该著作最值得称道之处在于，采用了大量的篇幅去探讨银龄社会的未来图景与老年社会政策的设计框架，该书具有较为深刻的理论内涵与较高的参考价值，也有利于管窥欧洲的老年学研究动态与前沿趋势。

这本译著出版之际，我要向以下各方表达诚挚的谢意。感谢武汉大学社会学系各位领导与老师的关心！感谢社会科学文献出版社的支持！感谢谢蕊芬编辑在版权引进和出版立项等方面所付出的辛勤努力！感谢隋嘉滨编辑在编校方面所做的大量工作！

因本人能力所限，书中难免有纰漏之处，敬请大家批评指正！

陈　昀
2019年5月5日于
武汉大学社会学系

图书在版编目(CIP)数据

老年社会政策的新视野/(波)兹比格纽·渥兹涅克著;陈昫译. -- 北京:社会科学文献出版社,2019.5

书名原文:The Elderly in Social Policy – Towards a New Architecture of Gerontological Programmes

ISBN 978 – 7 – 5201 – 4333 – 2

Ⅰ.①老… Ⅱ.①兹… ②陈… Ⅲ.①老年人 – 社会政策 – 研究 Ⅳ.①D586

中国版本图书馆 CIP 数据核字(2019)第 028313 号

老年社会政策的新视野

著　　者 / 〔波兰〕兹比格纽·渥兹涅克
译　　者 / 陈　昫

出 版 人 / 谢寿光
责任编辑 / 隋嘉滨

出　　版 / 社会科学文献出版社·群学出版分社 (010)59366453
　　　　　　地址:北京市北三环中路甲29号院华龙大厦　邮编:100029
　　　　　　网址:www.ssap.com.cn

发　　行 / 市场营销中心 (010)59367081　59367083
印　　装 / 三河市东方印刷有限公司

规　　格 / 开　本:787mm×1092mm　1/16
　　　　　　印　张:11　字　数:164千字

版　　次 / 2019年5月第1版　2019年5月第1次印刷
书　　号 / ISBN 978 – 7 – 5201 – 4333 – 2
著作权合同
登 记 号 / 图字01 – 2019 – 0835号
定　　价 / 89.00元

本书如有印装质量问题,请与读者服务中心(010 – 59367028)联系

▲ 版权所有 翻印必究